L'AMOUR EST NOTRE MISSION

La famille pleinement vivante

Copyright © 2014 par World Meeting of Families — Philadelphie. Publié en 2015

19 18 17 16 15 14   1 2 3 4 5 6 7 8 9

ISBN: 978-1-61278-910-1 (Inventaire Nᵒ· T1695)

Conception graphique : Tyler Ottinger
Art de couverture: *Cercle d'amour* / © 2014 Michael Escoffery / Société des droits
des artistes (Artists Rights Society (ARS)), New York. Photo: Michael Escoffery
/ Art Resource, NY; *Joachim et Anna*, mosaïque de Père Marko Rupnik, 2008 /
Chapelle du Saint-Esprit à l'université Sacred Heart, Fairfield, Conn.; *Jésus chez
ses parents*, John Everett Millais, 1863 / Collection privée / Bridgeman Images; *La
Sainte famille*, Giorgione, c. 1500 / National Gallery of Art, Washington, D.C.
Design intérieur : Sherri L. Hoffman

Composition graphique de Victory Productions, Inc.
www.victoryprd.com

Catéchèse préparatoire à la Rencontre
mondiale des familles,

Philadelphie 2015

L'AMOUR EST NOTRE MISSION

La famille pleinement vivante

PRÉSENTATION

Nous sommes heureux de présenter cette catéchèse sur la vie de famille, préparée par l'archidiocèse de Philadelphie et le Conseil pontifical pour la famille, en prévision de la VIIIème Rencontre mondiale des familles qui se tiendra à Philadelphie du 22 au 27 septembre 2015. Cette catéchèse explique en quoi l'enseignement catholique sur la sexualité, le mariage et la famille découle des éléments de base de notre foi en Jésus. En donnant un récit initial de notre création, elle évoque brièvement notre chute et les défis auxquels nous sommes confrontés, tout en mettant l'accent sur le dessein de Dieu pour notre salut. L'amour est notre mission : c'est en aimant Dieu et en nous aimant les uns les autres que nous serons vivants.

Le Concile Vaticann II disait que chaque famille est une « église domestique », une petite cellule de l'Église universelle plus grande. Cette catéchèse explore la signification de ces termes. Nous encourageons chacun à étudier cette catéchèse, à en discuter avec d'autres, particulièrement en paroisse, et à prier en se demandant comment l'Église peut servir les familles et comment les familles peuvent servir l'Église. La famille et l'Église sont dépendantes l'une de l'autre.

Dans cette catéchèse, nous avons essayé de donner de l'enseignement catholique une présentation fraîche, pertinente et accessible à nos contemporains catholiques et à toutes les personnes de bonne volonté.

Pour paraphraser saint Augustin, dans ses *Confessions*, Dieu est *toujours ancien, toujours nouveau*. Nous espérons que cette nouvelle catéchèse sera pour vous une confirmation de la beauté et de la cohérence de l'enseignement catholique qui est une sagesse sublime et vénérable, et la véritable source d'un renouveau à toutes les époques, y compris la nôtre.

Dans l'attente de ce rassemblement de personnes en provenance du monde entier, à Philadelphie, nous préparons l'événement en nous confiant en particulier à l'intercession de Marie et Joseph, parents de la Sainte Famille et patrons de toutes les familles.

Mgr Charles J. Chaput, O.F.M. Cap., D.D.

Archevêque de Philadelphie

Mgr Vincenzo Paglia

Président du Conseil pontifical pour la famille

L'AMOUR EST NOTRE MISSION :
La famille pleinement vivante

SOMMAIRE

L'Église croit que Dieu existe et qu'il nous aime. Nous affirmons cela parce que nous avons rencontré Jésus-Christ et que nous avons confiance en lui. Cette confiance rend possible une relation dans laquelle le dessein de Dieu pour toute la création est révélé et communiqué. Confiants en ce dessein, nous sommes en mesure de proclamer que tout être humain est créé à l'image de Dieu. Nous croyons que Dieu nous crée avec un dessein et pour une mission.

Nous croyons qu'en Jésus, Dieu s'est fait homme. Nous croyons qu'en Jésus, Dieu invite et appelle le monde entier à le connaître et à vivre comme le peuple de son alliance dans l'Église. Nous croyons que l'amour de Dieu est visible et manifeste dans cette alliance qui révèle que Dieu est fidèle même jusqu'à la mort, malgré nos infidélités et notre péché. Nous croyons que Jésus a souffert, qu'il est mort et ressuscité d'entre les morts, confirmant ainsi la puissance et la fidélité de Dieu et nous donnant l'assurance que ses voies sont vraies. Nous croyons que, parce que nous sommes le peuple de son alliance, Jésus est maintenant présent sacramentellement avec nous et qu'à la fin, nous partagerons sa victoire et serons avec lui dans la communion du ciel.

Soutenus par le Saint-Esprit et par les sacrements de l'Église, nous recherchons cette communion, que Jésus nous a promise comme étant notre destinée. Nous croyons que tous les aspects de notre vie – y compris notre sexualité, notre fertilité et notre vie de famille – font partie de cette mission de vivre et d'aimer comme Jésus nous l'a enseigné.

Nous croyons que, dans le sacrement du mariage, Dieu nous a fait le don d'expérimenter son alliance. Dans l'alliance du mariage, le mari et la femme vivent ensemble à la lumière de celle qui a déjà été établie entre Dieu et Israël, entre le Christ et l'Église. Nous croyons que le mariage est le terreau de la famille, le noyau de l'église domestique qui est elle-même un membre essentiel de l'Église universelle plus vaste.

Nous reconnaissons que nous sommes tombés et que toutes sortes de souffrances, de tentations et de péchés peuvent nous accabler et nous empêcher de devenir *ce pour quoi* nous avons été créés. Nous croyons que, quelles que soient les épreuves que nous traversons ou les blessures que nous nous infligeons à nous-mêmes ou que nous infligeons à d'autres, Dieu est fidèle. Sa passion, sa crucifixion et sa résurrection sont la preuve décisive qu'il ne trahira pas son alliance. Le Seigneur a montré qu'il est plus fort que tous nos péchés et qu'il est vainqueur du péché. Dans notre vie ensemble, grâce à la présence de Jésus et du Saint-Esprit au milieu de nous, nous croyons que Dieu mènera à bien l'œuvre qu'il a commencée en nous. Dans l'attente du jour où Jésus reviendra pour établir pleinement son Royaume sur terre, nous croyons que notre mission est de témoigner de ce que Dieu a fait et fait encore. Nous croyons que notre mission est d'aimer Dieu et notre prochain, comme il nous l'a enseigné.

Nous croyons que l'amour est notre mission et que cette mission est pour nous la seule manière d'être pleinement vivants et de devenir *ce pour quoi* nous avons été créés. Nous croyons que cet amour devrait être enseigné, partagé et communiqué dans et par la famille, l'église domestique. Nous croyons que la famille partage la mission de l'Église universelle et l'objet de cette catéchèse est d'expliquer plus en détails cette vision de l'amour.

TABLE DES MATIÈRES

*Saint Irénée, Père de l'Église primitive, a prononcé cette phrase célèbre :
« La gloire de Dieu, c'est l'homme vivant ». De même, la gloire des hommes
et des femmes, c'est leur capacité d'aimer comme Dieu aime. La vie en famille
est une invitation à incarner cet amour dans le quotidien.*

*Ce que croient les catholiques à propos de notre finalité humaine, du mariage
et de la famille : telle est la substance de cette catéchèse préparatoire à
la Rencontre mondiale des familles de 2015, à Philadelphie. Elle s'articule
en dix étapes ou chapitres :*

Nous sommes plus qu'un accident de l'évolution. Nous
sommes plus grands que notre capital biologique. Dieu existe.
Il est bon. Il nous aime. Il nous a faits à son image pour nous
faire partager sa joie. Il prend une part active dans nos vies. Il
a envoyé son fils unique pour restaurer notre dignité et nous
ramener chez nous auprès de lui.

Dieu œuvre à travers nous. Nous avons une mission. Nous
avons un but dans le monde : recevoir l'amour de Dieu et le
montrer aux autres. Dieu cherche à guérir un univers brisé. Il
nous demande d'être ses témoins et de l'aider dans cette œuvre.

Le monde tangible, terrestre et corporel est plus qu'une matière inerte ou de la pâte à modeler au gré de la volonté humaine. La création est sacrée. Elle a une signification sacramentelle. Elle reflète la gloire de Dieu. Cela inclut nos corps. Notre sexualité a le pouvoir de procréer et elle participe de notre dignité d'être créés à l'image de Dieu. Nous devons vivre en conséquence.

Nous ne sommes pas faits pour être seuls. Les êtres humains ont besoin les uns des autres et se complètent mutuellement. L'amitié et la communauté satisfont ce besoin de liens d'intérêt commun et d'amour. Le mariage est une forme d'amitié intime unique, qui invite un homme et une femme à s'aimer selon l'alliance de Dieu. Le mariage est un sacrement. L'amour conjugal porte du fruit et se donne sans réserve. Cet amour est à l'image de la fidélité de Jésus envers l'Église.

Le mariage est censé être fertile et accueillir une nouvelle vie. Les enfants façonnent l'avenir, tout comme eux-mêmes sont façonnés dans leur famille. Sans enfants, il ne peut y avoir d'avenir. Des enfants élevés et guidés avec amour sont les fondements d'un avenir aimant. Les enfants blessés laissent présager un avenir blessé. Les familles sont le socle de toutes les communautés plus grandes. Les familles sont des églises domestiques, des lieux où les parents aident leurs enfants à découvrir que Dieu les aime et qu'il a un projet pour la vie de chacun d'eux.

Tout le monde n'est pas appelé au mariage. Mais toute vie est censée être fertile. Toute vie a le pouvoir et le besoin de susciter une nouvelle vie – si ce n'est en portant et en éduquant ses propres enfants, c'est à travers d'autres formes vitales de don de soi, d'édification et de service. L'Église est une grande famille avec différentes vocations, distinctes mais ayant besoin les unes des autres et se soutenant mutuellement. Le sacerdoce, la vie religieuse et la vocation au célibat des laïcs enrichissent le témoignage de l'état du mariage et en sont enrichis. Les différentes façons de vivre la chasteté et le célibat en dehors du mariage sont des manières de donner sa vie pour le service de Dieu et pour la communauté humaine.

Dans sa forme idéale, la famille est une école d'amour, de justice, de compassion, de pardon, de respect mutuel, de patience et d'humilité au milieu d'un monde obscurci par l'égoïsme et les conflits. Ainsi, la famille enseigne ce que signifie être humain. Cependant, de nombreuses tentations surgissent et tentent de nous séduire en nous faisant oublier que l'homme et la femme sont créés pour l'alliance et la communion. Par exemple, la pauvreté, la richesse, la pornographie, la contraception, des erreurs philosophiques ou intellectuelles peuvent créer des contextes qui sont un défi pour une saine vie de famille ou qui la menacent. L'Église résiste à cela afin de protéger la famille.

Beaucoup, surtout aujourd'hui, sont confrontés à des situations douloureuses qui résultent de la pauvreté, du handicap, de la maladie et des dépendances, du chômage et de la solitude à un âge avancé. Mais le divorce et l'attrait entre personnes de même sexe ont un impact, différent mais très puissant, sur la vie de famille. Les familles chrétiennes et les réseaux de familles devraient être une source de miséricorde, de sécurité, d'amitié et de soutien pour ceux qui se débattent avec ces problèmes.

L'Église a des formes institutionnelles parce qu'elle doit œuvrer dans le monde. Mais cela n'épuise pas son essence. L'Église est l'épouse du Christ, un « elle » qui est une personne, et pas une chose. D'après les mots de saint Jean XXIII, elle est notre mère et notre enseignante, notre consolatrice et notre guide, notre famille dans la foi. Même lorsque son peuple ou ses responsables pèchent, nous continuons d'avoir besoin de sa sagesse, des sacrements, de son soutien et de la proclamation de la vérité parce qu'elle est le corps de Jésus lui-même dans le monde et dans la famille du peuple de Dieu au sens large.

Dieu nous a faits pour une raison précise. Son amour est la mission de notre vie. Cette mission nous permet de trouver notre véritable identité. Si nous choisissons d'embrasser cette mission, nous aurons une nouvelle perspective sur de nombreuses questions, pas uniquement sur la famille. Vivre la mission de l'église domestique signifie que les familles catholiques vivront parfois comme des minorités, avec des valeurs différentes de celles de la culture ambiante. Notre mission d'aimer nécessitera du courage et de la force. Jésus appelle et nous pouvons répondre, en choisissant une vie de foi, d'espérance, de charité, de joie, de service et de mission.

L'homme ne peut vivre sans amour. Il demeure pour lui-même un être incompréhensible, sa vie est privée de sens s'il ne reçoit pas la révélation de l'amour, s'il ne rencontre pas l'amour, s'il n'en fait pas l'expérience et s'il ne le fait pas sien, s'il n'y participe pas fortement. C'est pourquoi, comme on l'a déjà dit, le Christ Rédempteur révèle pleinement l'homme à lui-même. Telle est, si l'on peut s'exprimer ainsi, la dimension humaine du mystère de la Rédemption. Dans cette dimension, l'homme retrouve la grandeur, la dignité et la valeur propre de son humanité.

Saint Jean-Paul II
Redemptor Hominis, 10
4 mars 1979.

...nous réfléchirons en particulier sur la famille, qui est la cellule fondamentale de la société humaine. Depuis le début, le Créateur a placé sa bénédiction sur l'homme et sur la femme afin qu'ils soient féconds et qu'ils se multiplient sur la terre ; et ainsi la famille représente dans le monde comme le reflet de Dieu, Un et Trine dans le monde.

Notre réflexion se souviendra toujours de la beauté de la famille et du mariage, de la grandeur de cette réalité humaine à la fois si simple et si riche, faite de joies et d'espérances, de peines et de souffrances, comme toute la vie. Nous chercherons à approfondir la théologie de la famille et la pastorale que nous devons mettre en œuvre dans les conditions actuelles. Faisons-le en profondeur et sans tomber dans la "casuistique", parce qu'elle ferait inévitablement abaisser le niveau de notre travail. La famille aujourd'hui est dépréciée, elle est maltraitée, et ce qui nous est demandé, c'est de reconnaître combien il est beau, vrai et bon de former une famille, d'être une famille aujourd'hui ; combien c'est indispensable pour la vie du monde, pour l'avenir de l'humanité. Il nous est demandé de mettre en évidence le lumineux dessein de Dieu sur la famille et d'aider les conjoints à le vivre avec joie dans leur existence, en les accompagnant dans beaucoup de difficultés.

Pape François
Rencontre avec les Cardinaux pour le Consistoire extraordinaire
20 février 2014.

La Création de l'homme, Marc Chagall, 1956-58/ © 2014 Société des droits des artistes (Artists Rights Society (ARS)), New York / ADAGP, Paris. Musée National Message Biblique Marc Chagall, Nice / Peter Willi / Bridgeman Images

I. CRÉÉS POUR LA JOIE

Nous sommes plus qu'un accident de l'évolution. Nous sommes plus grands que notre capital biologique. Dieu existe. Il est bon. Il nous aime. Il nous a faits à son image pour nous faire partager sa joie. Il prend une part active dans nos vies. Il a envoyé son fils unique pour restaurer notre dignité et pour nous ramener chez nous auprès de lui.

Un plan pour la vie et un amour qui nous soutient

1. L'enseignement catholique sur le mariage et sur la famille découle du cœur de notre foi. C'est pourquoi nous pouvons commencer par rappeler les bases de l'histoire de l'Église. Notre Dieu n'est ni inaccessible ni lointain ; nous croyons que Dieu se révèle en Jésus-Christ. Jésus est la source de l'espérance, la foi, l'amour et la joie qui devraient animer la vie d'une famille catholique. Il est la raison pour laquelle nous pouvons faire confiance à la sagesse de la foi catholique. Tout ce que nous allons présenter dans cette catéchèse découle de Jésus lui-même.[1]

2. Comme l'a récemment affirmé le Pape François à propos de la vie conjugale, « promettre un amour qui soit pour toujours est possible quand on découvre un dessein plus grand que ses propres idées et projets, qui nous soutient et nous permet de donner l'avenir tout entier à la personne aimée.[2] »Mais à notre époque, tout « dessein plus grand » ou toute signification supérieure à l'expérience humaine fait l'objet d'un profond scepticisme dans le monde. Pour beaucoup de gens, la personne humaine est à peine plus qu'un accident de l'évolution : des atomes de carbone animés. En d'autres termes, pour beaucoup de gens,

nous n'avons pas de but plus élevé que le sens que nous nous créons pour nous-mêmes.[3]

3. Dans une ère de technologie sophistiquée et de richesse matérielle, ce type de raisonnement sans Dieu peut sembler plausible. Mais en fin de compte, c'est une vision trop étriquée de ce que nous sommes en tant qu'hommes et femmes ; c'est une vision qui porte atteinte à la dignité humaine, qui laisse mourir de faim les âmes affamées, qui n'est pas vraie.

4. En effet, nous aspirons à trouver un sens. La recherche de la finalité est une expérience humaine universelle. C'est pourquoi les êtres humains se sont toujours posés des questions fondamentales telles que « Qui suis-je ? », « Pourquoi suis-je ici ? » et « Comment devrais-je vivre ? ». La foi chrétienne est apparue dans un mélange de cultures méditerranéennes : grecque, romaine, juive, etc. C'était un monde dans lequel des réponses nombreuses et diverses aux questions de fond sur la vie luttaient pour dominer.

5. Nous sommes actuellement dans une situation similaire. Comme dans le monde antique, les cultures d'aujourd'hui sont confuses et mêlées. Aujourd'hui comme alors, des philosophies de vie se font concurrence, en offrant différentes visions de ce qui fait une bonne vie. En même temps, la souffrance et la pauvreté aussi s'étendent et le cynisme, dans certaines cultures, tend vers des religions ou des philosophies qui prétendent offrir une vérité complète et irrévocable.

6. Face à toutes ces réponses contradictoires, notre époque est confuse. Aujourd'hui, beaucoup de gens cherchent sincèrement un sens mais ils ne savent pas qui croire ni où engager leurs vies.

7. Dans ce climat de doute, les chrétiens sont des personnes qui croient en Jésus-Christ.[3] En dépit des ambiguïtés de l'histoire humaine, la voie catholique de l'espérance et de la joie, de l'amour et du service, se fonde dans une rencontre avec Jésus. Comme l'a proclamé saint Jean-Paul II

dans sa première encyclique, « cette révélation de l'amour et de la miséricorde a dans l'histoire de l'homme un visage et un nom: elle s'appelle Jésus-Christ.[4] » Tout découle de cela. Jésus-Christ est le fondement de la foi chrétienne[5].

Jésus révèle Dieu, et son plan commence à se dérouler

8. Dans la Bible, Jésus demande à ses disciples : « Et vous, que dites-vous ? Moi pour vous, leur dit-il, qui suis-je ? » (Mt 16,13-20). Depuis 2000 ans, l'histoire humaine a trouvé la réponse. Les chrétiens sont des personnes qui, ayant rencontré Jésus par des voies très diverses – à travers le témoignage de saints et des apôtres, l'Écriture et les sacrements, la prière et le service des pauvres, la pratique religieuse, les amis et la famille – sont capables d'avoir confiance en Jésus et de dire avec Pierre : « Tu es le Christ, le Fils du Dieu vivant » (Mt 16,16).

9. Jésus, qui a tant fait sur terre, a souffert tout en persévérant dans l'amour ; il a été crucifié par des mains humaines mais il est ressuscité et a vaincu la mort. C'est parce que Dieu lui-même a enduré ces souffrances, que les chrétiens croient qu'Il n'est pas loin de la condition humaine. Nous ne croyons pas non plus en un Dieu capricieux ou en une divinité en compétition avec les êtres humains. Le Dieu en qui nous mettons notre confiance veut que nous nous épanouissions. C'est à cause de Jésus-Christ, que les catholiques ont confiance dans l'amour de Dieu pour eux. Comme l'a expliqué le Pape François dans sa première encyclique :

> À l'homme qui souffre, Dieu ne donne pas un raisonnement qui explique tout, mais il offre sa réponse sous la forme d'une présence qui accompagne, d'une histoire de bien qui s'unit à chaque histoire de souffrance pour ouvrir en elle une trouée de lumière. Dans le Christ, Dieu a voulu partager avec nous cette route et nous offrir son regard pour y voir la lumière. Le Christ est celui qui, en ayant supporté la souffrance, « est le chef de notre foi et la porte à la perfection.[6] »

10. En un sens, toute la théologie chrétienne est un commentaire de ce que nous voulons dire quand nous disons que Dieu s'est fait homme, qu'il est mort et qu'il est ressuscité. La présence de Dieu dans la chair humaine, en Jésus, signifie que le Créateur transcendant du monde est aussi notre Père immanent, intime et plein de tendresse. Le Dieu trine restera toujours un mystère infini et pourtant, ce même Dieu est aussi devenu un homme particulier, dans un lieu et un temps particuliers. Dieu s'est fait aussi vulnérable qu'un bébé dans une mangeoire ou qu'un homme sur une croix. Jésus a enseigné et parlé, il a ri et pleuré. Sa vie, sa mort et sa résurrection manifestent que, bien qu'étant un mystère inépuisable, Dieu n'est pas opaque. C'est Jésus qui nous permet de parler avec assurance de Dieu et de la vérité divine.

11. Jésus dit de lui-même qu'il est le fils du Père et, avec son Père, il envoie l'Esprit pour qu'il soit avec son peuple. Nous apprenons donc de lui que la nature de Dieu est une communion éternelle de trois personnes divines, le Père, le Fils et le Saint-Esprit. Par le baptême qui nous introduit dans l'Église, Jésus invite chacun à entrer dans l'alliance de Dieu et à prendre part à la communion divine. L'histoire d'Israël, et plus tard celle de l'Église, est une histoire qui a une signification universelle, parce que c'est un appel à vivre en tant que peuple de Dieu et à participer à la communion divine.

Jésus révèle notre identité et notre destinée humaine

12. Jésus révèle qui est Dieu, et que Dieu nous aime et nous tend la main. Mais Jésus révèle aussi ce que signifie être humain. Le Concile Vatican II, en parlant de Jésus comme de la « Parole » de Dieu, enseignait : « En réalité, le mystère de l'homme ne s'éclaire vraiment que dans le mystère de la Parole incarnée »[7]. En Jésus-Christ, nous apprenons sur nous-mêmes des choses qui sont vraies, que nous ne pourrions pas inventer et que nous ne pourrions pas savoir autrement. Comme le dit la Bible, « votre vie est désormais cachée avec le Christ en Dieu » (Col 3,3). Les catholiques croient que Dieu aime tellement le monde (Jn 3,16) que, plutôt que de nous laisser dans la confusion, il a pris un

corps humain pour révéler qui il est et qui nous sommes. Le Concile Vatican II l'explique ainsi :

> L'aspect le plus sublime de la dignité humaine se trouve dans cette vocation de l'homme à communier avec Dieu. Cette invitation que Dieu adresse à l'homme de dialoguer avec Lui commence avec l'existence humaine. Car, si l'homme existe, c'est que Dieu l'a créé par amour et, par amour, ne cesse de lui donner l'être ; et l'homme ne vit pleinement selon la vérité que s'il reconnaît librement cet amour et s'abandonne à son Créateur[8].

Comme le Pape Benoît XVI l'a souligné à la dernière Rencontre mondiale des familles à Milan, en 2012 : « L'amour est ce qui fait de la personne humaine l'image authentique de la Trinité, l'image de Dieu.[9] »

13. L'expression « image de Dieu » vient de la Genèse (Gn 1,26-27 ; 5,1 ; 9,6). Elle suggère que chaque personne est précieuse, avec une dignité unique et irréductible. Nous pouvons maltraiter ou utiliser les autres ou nous-mêmes, mais nous ne pouvons pas effacer cette vérité de ce que Dieu nous a donné en nous créant. Notre dignité fondamentale ne dépend ni de nos échecs ni de nos réalisations. Plus profonds que tout péché humain, la bonté et l'amour de Dieu pour nous précèdent le péché. L'image de Dieu perdure en nous, quoi que nous fassions pour l'obscurcir. Ayant été créés à l'image de Dieu, notre vraie joie et notre accomplissement résident dans la connaissance, l'amour et le service les uns des autres, à l'exemple de Dieu.

14. Dire que les hommes et les femmes sont à l' « image de Dieu » signifie que nous ne pouvons pas parler de l'humanité sans référence à Dieu. Si la nature de Dieu est d'être une Trinité de communion – le Père, le Fils et le Saint-Esprit – et si nous sommes faits à cette image, notre nature doit donc être interdépendante. Pour être une personne, nous avons besoin de communion[10]. « Être une personne à l'image et

à la ressemblance de Dieu implique donc aussi le fait d'exister en relation, en rapport avec l'autre « moi ».[11] » Pour être nous-mêmes, nous avons besoin les uns des autres et nous avons besoin de Dieu. Nous avons besoin de quelqu'un à aimer et de quelqu'un qui nous aime. Pour être celui ou celle que Dieu veut que nous soyons, nous devons nous donner à notre prochain. « Être une personne... ne peut s'accomplir qu' « *à travers un don désintéressé de soi* ». Le modèle d'une telle interprétation de la personne est Dieu lui-même comme Trinité, comme communion de Personnes. Dire que l'homme est créé à l'image et à la ressemblance de ce Dieu, c'est dire aussi que l'homme est appelé à exister « pour » autrui, à devenir un don.[12] » Pour sauver notre vie, nous devons la perdre en Dieu (Mt 10,39 ; 16,25). Ce récit théologique de la personne humaine sera le modèle de toute théologie morale, y compris de l'enseignement catholique sur la famille.

15. Nous pouvons tâtonner dans notre imagination de notre autosuffisance. Mais nous sommes faits à l'image de Dieu et, si nous voulons vivre en fils et filles de Dieu, ce que nous sommes vraiment, nous devons accepter l'invitation de Dieu à l'aimer et à aimer notre prochain. De même que Jésus a révélé la nature de Dieu par son amour et son sacrifice, ainsi, nous aussi, nous acceptons plus profondément notre humanité réelle lorsque nous entrons dans une relation d'amour et de service envers notre prochain et que nous adorons Dieu.

16. Vatican II l'a noté dans sa discussion sur la dignité humaine : beaucoup d'athés croient que « seul le raisonnement scientifique » peut nous dire tout ce que nous avons besoin de savoir sur nous-mêmes, sans référence à quoi que ce soit au-delà du monde naturel[13]. Mais les catholiques soutiennent que la théologie est essentielle à l'anthropologie ; en d'autres termes, nous croyons qu'il est vital de comprendre Dieu et son intention derrière la création pour parvenir à une compréhension complète de la nature humaine. Les catholiques croient que la révélation que Dieu a faite de lui-même en Jésus nous rend à

nous-mêmes, révélant la vérité sur qui nous sommes, dévoilant surtout que nous appartenons à Dieu. L'amour de Dieu est fondamental pour notre identité et plus fondamental que nos angoisses, nos ambitions ou les questions que nous pouvons nous poser. Comme l'a enseigné saint Jean-Paul II au début de son pontificat, « l'homme qui veut se comprendre lui-même jusqu'au fond ne doit pas se contenter pour son être propre de critères et de mesures qui seraient immédiats, partiaux, souvent superficiels et même seulement apparents; mais il doit, avec ses inquiétudes, ses incertitudes et même avec sa faiblesse et son péché, avec sa vie et sa mort, s'approcher du Christ[14]. »

17. Quand il parle du mariage, Jésus lui-même se réfère au dessein de Dieu et à la finalité de la création. Lorsque les pharisiens le provoquent en l'interrogeant sur le divorce, il répond en rappelant que Dieu a créé les êtres humains homme et femme, et que le mari et la femme deviennent une seule chair[15]. (Mt 19,3-12 ; Mc 10,2-12). De même, dans sa lettre aux Corinthiens, Paul parle d'éthique sexuelle et leur rappelle que l'homme et la femme ont été créés pour former une seule chair (1 Co 6,16). Lorsqu'il parle du mariage dans la lettre aux Éphésiens, de nouveau il rappelle cette union, expliquant que c'est un « profond mystère » qui se réfère au Christ et à l'Église (Ép 5,32). Dans sa lettre à l'Église de Rome, Paul explique que la nature de Dieu est révélée à travers la création et il évoque les nombreux péchés, y compris ceux qui sont liés à la sexualité, que nous commettons lorsque nous nous détournons de notre Créateur (Rm 1, 18-32).

L'amour est la mission de la famille

18. Nous voyons maintenant clairement pourquoi la Rencontre mondiale des familles 2015 est intitulée « L'amour est notre mission ». Un des documents du pape sur la famille les plus importants du XXème siècle, *Familiaris Consortio*, écrit aussi par saint Jean-Paul II, montrait en quoi l'enseignement catholique sur Dieu et sur la nature humaine

façonne les croyances des catholiques sur la manière dont ils doivent vivre :

> Dieu a créé l'homme à son image et à sa ressemblance : en l'appelant à l'existence *par amour*, il l'a appelé en même temps à *l'amour*. Dieu est amour et il vit en lui-même un mystère de communion personnelle d'amour. En créant l'humanité de l'homme et de la femme à son image et en la conservant continuellement dans l'être, Dieu inscrit en elle la vocation, et donc la capacité et la responsabilité correspondantes, à l'amour et à la communion. L'amour est donc la vocation fondamentale et innée de tout être humain[16].

L'amour de Dieu ne cesse de nous appeler. Nous ne pouvons pas décliner cette invitation. Nous sommes créés à l'image de Dieu et, en dépit de la réalité du péché humain, notre vocation implicite dans la création ne pourra jamais être effacée.

19. Le point de vue catholique sur le mariage, la famille et la sexualité fait partie d'une mission plus large : il s'agit de vivre de telle sorte que l'amour de Dieu soit rendu visible et qu'il rayonne. Vivre cette mission remplit la vie quotidienne de la joie de Dieu. Toute la personne humaine, corps et âme, homme ou femme, avec tout ce qui en découle, est impliquée dans cette invitation de Dieu. Le sous-titre de la Rencontre mondiale des familles est justement : « La famille pleinement vivante ». La famille est d'autant plus vivante que nous embrassons cette invitation que Dieu nous adresse à être ses enfants ; c'est pour cela qu'il nous a créés.

20. *Nous vivons à une époque confuse et en manque de certitudes. Jésus-Christ est une ancre sûre. En Jésus, la dignité humaine est en sécurité. Dieu s'est fait homme. Jésus révèle qui est Dieu et qui nous sommes. En Jésus, nous rencontrons un Dieu qui nous tend la main, qui crée la communion et nous invite à partager sa joie. Nous sommes faits à l'image de Dieu et nous sommes appelés à être en communion avec lui et entre nous. Cet*

*amour donne une finalité et une forme à tous les aspects de la vie humaine,
y compris la famille.*

QUESTIONS POUR LA DISCUSSION ————————

a) Qu'est-ce qui fait que Jésus est digne de confiance ?

b) Qu'est-ce qui, dans votre vie, vous distrait de Jésus ? Qu'est-ce qui vous aiderait à avoir une relation plus familière ou même plus intime avec lui ?

c) Que signifie « être créé à l'image de Dieu » ? Peut-on comprendre notre identité humaine sans Dieu ? Pourquoi ? Ou pourquoi pas ?

d) Le thème de cette catéchèse est : « L'amour est notre mission ». Que signifie « l'amour » dans votre vie ? En quoi une mission d'aimer pourrait-elle affecter vos choix, vos priorités et vos ambitions ?

La Sainte famille / © Vie de Jesus Mafa / www.jesusmafa.com

II. LA MISSION DE L'AMOUR

Dieu œuvre à travers nous. Nous avons une mission. Nous avons un but dans le monde : recevoir nous-mêmes l'amour de Dieu et montrer cet amour de Dieu aux autres. Dieu cherche à guérir un univers blessé. Il nous demande d'être ses témoins et de l'aider à réaliser son œuvre.

L'Écriture donne un contenu et une forme au sens de l'amour

21. L'histoire commence avec notre création à l'image de Dieu. Dans l'histoire, Dieu appelle un peuple pour le former. Il établit une alliance avec nous, d'abord à travers Israël, puis à travers le Christ et l'Église. Dans cette relation, Dieu nous enseigne à aimer comme il aime.

22. En d'autres termes, ayant été créés pour la communion, nous apprenons que l'amour est notre mission. Le don de notre existence précède et façonne ce que nous faisons et la manière dont nous vivons. En bref, « la façon dont Dieu aime devient la mesure de l'amour humain [17] ».

23. Il faut de l'humilité pour vivre ce chemin. Il faut que nous conformions nos cœurs à Dieu et que nous regardions le monde avec ses yeux. La façon de faire de Dieu est la meilleure, mais pas toujours la plus facile.

24. La Bible regorge d'images de l'amour de Dieu. Dieu est un père qui accueille son fils prodigue de retour à la maison en organisant une fête (Lc 15,11-32). Dieu est un pasteur à la recherche de sa brebis perdue (Lc 15,3-7). Dieu est une mère qui réconforte ses enfants (Is 66,13). Dieu est un ami qui donne sa vie pour les autres et qui pleure en voyant

souffrir ses amis (Jn 11,35). Dieu est un maître qui nous entraîne à nous aimer et à servir notre prochain (Mt 22,39). Dieu est un jardinier qui prend soin de nous jusqu'à ce que nous portions un bon fruit (Jn 15,1). Dieu est un roi qui nous invite au banquet de noces de son fils (Mt 22,1-14). Dieu entend le cri de l'aveugle et s'arrête pour lui demander : que veux-tu que je fasse pour toi ? (Mc 10,46-52). Dieu est accueillant, plein de compassion pour son peuple lorsqu'il a faim, il lui donne à manger (Mt 14,13-21)[18] et s'offre lui-même (Mt 26,26).

Le mariage est une image biblique essentielle de l'amour de Dieu

25. Toutes ces images, et bien d'autres encore, nous aident à voir la profondeur de l'amour de Dieu. Elles mettent en évidence de quel amour nous sommes appelés à témoigner dans nos vies. Mais le Pape Benoît faisait observer qu'il existe une image-clé qui illustre toute les autres :

> Dieu aime son peuple. En effet, la révélation biblique est avant tout l'expression d'une histoire d'amour, l'histoire de l'alliance de Dieu avec les hommes. C'est pourquoi l'histoire de l'union et de l'amour entre un homme et une femme dans l'alliance du mariage a été assumée par Dieu comme symbole de l'histoire du salut[19].

26. L'image du mariage est centrale pour décrire l'alliance de Dieu avec Israël et, plus tard, son alliance avec l'Église. Comme l'a enseigné le Pape Benoît XVI, « le mariage fondé sur un amour exclusif et définitif devient l'icône de la relation de Dieu avec son peuple et réciproquement[20] ». L'alliance de Dieu est un thème central de l'Écriture et le mariage est la métaphore privilégiée de la Bible pour décrire la relation de Dieu avec l'humanité. Ainsi, alors qu'il était encore archevêque de Münich, le Pape Benoît XVI expliquait ceci :

> Nous pouvons dire que Dieu créa l'univers afin d'entamer avec l'homme une histoire d'amour. Il l'a créé pour que l'amour

soit. Plus tard, apparaissent des textes d'Israël qui nous renvoient au Nouveau Testament… Dieu a créé le monde pour se faire homme, pour répandre son amour, pour nous le donner et nous inviter à répondre par l'amour[21].

27. Cette image du mariage commence dans l'Ancien Testament. Nous y apprenons que Dieu nous aime intimement, avec un désir plein de tendresse. « Les prophètes Osée et Ézéchiel, surtout, ont décrit cette passion de Dieu pour son peuple avec des images érotiques audacieuses[22] ». Dans Osée, Dieu promet de « séduire » Israël, de « lui parler cœur à cœur » jusqu'à ce qu'elle réponde « comme au temps de sa jeunesse » et l'appelle « mon mari » (Os 2 ,14-16). Dans Ezéchiel, Dieu utilise une image sensuelle pour parler à Israël : « J'étendis sur toi le pan de mon manteau et je couvris ta nudité. Je me suis engagé envers toi par serment, je suis entré en alliance avec toi – oracle du Seigneur Dieu – et tu as été à moi. Je t'ai plongée dans l'eau… je t'ai parfumée avec de l'huile… Tu devins de plus en plus belle et digne de la royauté.[23] » (Ez 16,8-13). Nous trouvons un langage similaire dans Isaïe,[24] Jérémie[25] et dans les Psaumes[26]. Dans le Cantique des cantiques, l'image du mariage pour expliquer l'intensité de l'amour de Dieu pour son peuple a aussi inspiré les sermons pendant des siècles.

La Bible n'a pas une approche sentimentale de l'amour conjugal

28. Le mariage de Dieu avec son peuple peut être mouvementé. « La relation de Dieu avec Israël est illustrée par les métaphores des fiançailles et du mariage » et lorsque le peuple de Dieu pèche, notre entêtement devient une forme d' « adultère et de prostitution »[27]. Dans Osée, l'amour de Dieu pour Israël le met dans la situation du mari trahi par son épouse infidèle. Comme le dit Dieu à Osée, « Va de nouveau, aime une femme qui en aime un autre et commet l'adultère, comme Yahvé aime les enfants d'Israël, alors qu'ils se tournent vers d'autres dieux » (Os 3,1).

29. Quand le peuple de Dieu oublie ses commandements, néglige les pauvres présents en son sein, cherche la sécurité auprès de pouvoirs étrangers ou se tourne vers de faux dieux, les mots justes pour qualifier son infidélité sont : adultère et prostitution[28].

30. Et pourtant Dieu demeure inébranlable. Dans une réflexion récente sur Ezéchiel 16, le Pape François notait que Dieu prononce des paroles d'amour même quand Israël est infidèle[29]. Israël pèche. Israël oublie. Israël se prostitue, suit de faux dieux. Mais Dieu n'oubliera pas le peuple de son alliance. Le repentir et le pardon sont toujours possibles. La miséricorde de Dieu signifie qu'il cherche le bien d'Israël même si celui-ci le fuit : « Oui, comme une femme abandonnée, accablée, le Seigneur te rappelle. Est-ce que l'on rejette la femme de sa jeunesse ? – dit ton Dieu. Un court instant, je t'avais abandonnée, mais dans ma grande tendresse, je te ramènerai. Mais dans mon éternelle fidélité, je te montre ma tendresse » (Is 54,6-8). Dieu persévère dans son amour pour son peuple, même quand nous tombons, même lorsque nous nous obstinons à essayer de vivre sans lui.

31. De même, l'amour chrétien implique bien plus qu'une émotion. Il inclut la dimension érotique et affective, mais il est aussi un choix. L'amour est une mission que nous recevons, une disposition que nous acceptons, un appel auquel nous répondons. Cette sorte d'amour a des dimensions que nous découvrons lorsque nous nous y abandonnons. Cette sorte d'amour cherche et suit Dieu dont la fidélité à son alliance nous enseigne ce qu'est l'amour. Dieu n'écarte jamais Israël pour un partenaire plus attirant. Il ne se laisse pas non plus décourager lorsqu'il est rejeté. Il ne change pas. Il ne veut que le meilleur, le bien véritable et ultime pour son peuple. Et s'il désire Israël d'un amour passionné – quiconque lit les prophètes ne peut le nier – le levain de cet aspect « érotique » de l'amour divin est toujours la fidélité de Dieu jusqu'au sacrifice[30]. L'eros de Dieu intègre toujours sa compassion et sa patience.

Le mariage, l'amour et le sacrifice du Christ sur la croix

32. On trouve une expression vivante de l'amour de Dieu dans la lettre aux Éphésiens 5, où saint Paul étend l'analogie du mariage au Christ et à l'Église[31]. Paul presse les maris et les femmes : « Soyez soumis les uns aux autres dans la crainte du Christ » (Ép 5, 21). Le mariage chrétien n'est donc pas une négociation au sujet de droits et de responsabilités, mais l'expression d'un don mutuel. C'est bien plus radical qu'un simple égalitarisme. Paul écrit bien que « en effet, le mari est chef de sa femme, comme le Christ est chef de l'Église, lui le sauveur du corps » (Ép 5, 23). Mais qu'est-ce que cela signifie en contexte et dans la pratique ? Paul invite les maris à un amour qui est don de soi et qui reflète le sacrifice du Christ sur la croix. Minant tout machisme et toute exploitation, et en profonde opposition avec les anciens codes domestiques du monde antique, Paul enseigne une dynamique à l'image de Dieu : « Maris, aimez vos femmes comme le Christ a aimé l'Église : il s'est livré pour elle » (Ép 5, 25). Dans Éphésiens 5, l'Église parle du mariage comme d'un sacrement et invite les couples à une forme de communion qui va jusqu'au sacrifice de la croix.

33. Jésus permet aux chrétiens de parler avec assurance de l'amour de Dieu. Il ouvre l'alliance de Dieu à tous, faisant de l'histoire d'Israël un récit de rédemption universel. Jésus incarne l'amour qui donne sa vie parce qu'il est littéralement la Parole de Dieu faite chair. Il aime l'Église comme son épouse, et cet amour désintéressé, dont il a donné la preuve en versant son sang sur la croix, devient le modèle de cette forme d'amour et de service mutuels, nécessaire dans toute famille et tout mariage chrétiens.

34. Comme l'a enseigné le Pape Benoît XVI, « le regard tourné vers le côté ouvert du Christ, dont parle Jean, comprend [que] 'Dieu est amour'. C'est là que cette vérité peut être contemplée. Et, partant de là, on doit maintenant définir ce qu'est l'amour. À partir de ce regard, le chrétien trouve la route pour vivre et pour aimer [32] ».

35. Pour beaucoup aujourd'hui, « l'amour » est à peine plus qu'un sentiment chaleureux ou une attraction physique. Tout cela a sa place mais l'amour réel, l'amour qui supporte, approfondit et satisfait le cœur humain pendant toute une vie, grandit à partir de ce que nous donnons aux autres, non à partir de ce que nous prenons pour nous-mêmes. Le Seigneur Jésus-Christ est mort sur une croix pour notre salut. Cette capacité radicale, libératrice, d'abandonner nos prérogatives et de nous donner aux autres est le fil rouge de tout l'enseignement catholique sur le mariage et la famille. Un authentique enseignement catholique sur le mariage et la famille distingue l'amour vrai de ses contrefaçons.

36. *L'Écriture décrit l'amour de Dieu de nombreuses manières complémentaires et qui se recoupent, mais c'est l'image du mariage qui est la plus présente. L'alliance entre Dieu et son peuple, d'abord Israël puis l'Église, est comme un mariage. Ce mariage n'est pas toujours facile, mais le péché humain n'a jamais le dernier mot. La fidélité de Dieu révèle ce à quoi ressemblent l'amour véritable et la fidélité. Jésus-Christ, qui nous accueille tous comme membres de la famille de Dieu, nous donne une nouvelle définition de l'amour, inattendue, nous ouvrant ainsi de nouvelles possibilités pour notre vie.*

QUESTIONS POUR LA DISCUSSION ——————————

a) Pourquoi l'amour de Dieu est-il comme un mariage ?

b) En quoi la manière d'aimer de Dieu est-elle différente de la manière humaine ?

c) Qu'est-ce que l'amour vrai et comment le reconnaissons-nous ? Citez des ressemblances et des différences entre la notion d'amour romantique dans votre culture et l'amour d'alliance avec Dieu.

d) Vous souvenez-vous d'une fois où l'amour de Dieu vous a aidé à aimer de façon plus honnête et meilleure ?

La Création, Dieu présente Adam et Ève, Jean Fouquet, c. 1470 / Bibliothèque Nationale, Paris, France / Bridgeman Images

III. LE SENS DE LA SEXUALITÉ HUMAINE

Le monde tangible, terrestre, corporel est plus qu'une matière inerte ou de la pâte à modeler au gré de la volonté humaine. La création est sacrée. Elle a une signification sacramentelle. Elle reflète la gloire de Dieu. Cela inclut nos corps. Notre sexualité a le pouvoir de procréer et participe à notre dignité d'êtres créés à l'image de Dieu. Nous devons vivre en conséquence.

Le monde physique naturel déborde de bonté spirituelle

37. La foi catholique a toujours été une religion « physique » robuste. La Bible commence dans un jardin et se termine par une fête[33]. Dieu a fait le monde, il l'a trouvé bon et il est entré dans l'histoire. Jésus-Christ, le Fils de Dieu, s'est fait chair pour se faire l'un de nous. Dans les sacrements, ce qui est matériel est consacré et devient signe visible de la grâce. Le pain et le vin ordinaires, l'eau, l'huile et le toucher de mains humaines sont les moyens tangibles par lesquels la présence de Dieu devient effective et réelle.

38. Nous croyons dans les œuvres de miséricorde corporelles. Quand nous nourrissons ceux qui ont faim, quand nous donnons à boire à ceux qui ont soif, quand nous donnons des vêtements à ceux qui sont nus, hébergeons ceux qui n'ont pas de toit, soignons les malades, visitons les prisonniers ou enterrons les morts, c'est à Jésus que nous le faisons (Mt 25,25-40). Nous croyons dans la bonté de la création de Dieu (Gn 1,4-31). Cette confiance imprègne l'imaginaire catholique. Cela se voit dans notre art et notre architecture, dans le rythme du calendrier

liturgique où s'alternent le jeûne et la fête, et dans la piété populaire et les sacrements.

La sexualité de l'homme et de la femme participent de notre finalité spirituelle

39. La création matérielle a une signification spirituelle, qui a des implications dans la manière dont nous vivons comme homme ou comme femme. Notre sexualité a une finalité. Notre corps n'est pas une simple enveloppe pour notre âme ni une machine sensorielle pour notre cerveau. Ce n'est pas de la matière brute dont nous pouvons user ou que nous pouvons reprogrammer librement. Pour les chrétiens, le corps et l'esprit sont profondément intégrés. Tout être humain est une unité de corps et d'âme. Sainte Hildegarde de Bingen écrivait : « Le corps est véritablement le temple de l'âme, qui coopère avec l'âme par le moyen des sens, comme la roue d'un moulin est mue par l'eau[34] ». Le corps, parce qu'il est créé par Dieu, a une dignité innée. Il fait intimement partie de notre identité et de notre destinée éternelle. Les deux sexes incarnent littéralement le dessein de Dieu dans une interdépendance, une communauté et une ouverture à une nouvelle vie. Nous ne pouvons pas rabaisser le corps ou en abuser sans infliger un coût à l'esprit.

40. Bien sûr, nous n'aimons pas toujours comme nous le devrions. La sexualité est un facteur puissant dans les relations humaines, pour le meilleur et pour le pire. C'est pourquoi la sexualité mal employée ou désordonnée a toujours été une source majeure de confusion et de péché. Le désir sexuel et la compréhension de soi peuvent être complexes et ne s'interprètent pas d'eux-mêmes. Notre identité se révèle en Jésus et dans le dessein de Dieu pour nos vies, et pas dans des affirmations de soi déchues.

41. Le mariage existe parce que la procréation et la communion, la biologie et l'alliance de Dieu, la nature et la surnature, sous-entendent ensemble ce que signifie être « humain ». Le mariage existe parce que

nous découvrons et acceptons, plutôt que d'inventer ou de renégocier, la vocation au don de soi intrinsèque au fait que nous soyons créés homme et femme dans l'alliance. Le mariage est la création de Dieu parce que nous sommes des créatures de Dieu et parce que Dieu a créé l'homme et la femme en vue d'une amitié avec lui dans son alliance.

42. Notre origine, en tant que sexes différents et complémentaires, et notre appel à aimer, à la communion et à la vie[35], sont un unique et même moment. Selon les mots du Pape François, « il s'agit-là de l'histoire de l'amour. Il s'agit de l'histoire du chef-d'œuvre de la création[36] ».

43. Cet appel à aimer, à la communion et à la vie implique tout l'être de l'homme et de la femme, corps et âme. La personne humaine est à la fois un être physique et spirituel.[37] En un certain sens, le corps révèle la personne.[38] En conséquence, la sexualité humaine n'est jamais purement fonctionnelle. La différence sexuelle, visible dans le corps, contribue directement au caractère sponsal du corps et à la capacité de la personne à aimer.[39] Au centre de cet appel à aimer, il y a l'ordre de Dieu : « Soyez féconds et multipliez-vous » (Gn 1,28). L'union sponsale du couple à travers les corps est donc aussi, par sa nature même, un appel à vivre en tant que père et mère[40].

44. Nous avons raison de nous réjouir en entendant le cri d'Adam à la vue d'Ève : « Pour le coup, c'est l'os de mes os et la chair de ma chair ! Celle-ci sera appelée « femme », car elle fut tirée de l'homme, celle-ci ! » (Gn 2 ,23). Le Catéchisme de l'Église catholique note que, dès le commencement, « l'homme découvre la femme comme un autre « moi », de la même humanité[41] ». L'homme et la femme partagent une égale dignité qui vient de Dieu, leur Créateur. Dans le dessein de Dieu, la ressemblance et la différence entre l'homme et la femme coïncident avec leur complémentarité sexuelle en tant que masculin et féminin. Créés ensemble (Gn 1, 26-27), l'homme et la femme sont voulus l'un *pour* l'autre[42]. La différence sexuelle est un rappel primordial que nous sommes faits pour nous donner aux autres, guidés par la vertu et par l'amour de Dieu.

45. Saint Jean-Paul II a souvent parlé de « la signification nuptiale et sponsale du corps[43] ». Il faisait écho aux enseignements de Vatican II selon lequel « cette société de l'homme et de la femme est l'expression première de la communion des personnes[44] ». Mais la différence sexuelle marque toutes nos relations, même si l'on n'est pas marié, puisque nous entrons tous dans la vie en tant que fils ou fille. Nous sommes appelés à être un frère ou une sœur non seulement pour les membres de nos familles mais aussi pour ceux qui sont dans le besoin dans notre voisinage, dans nos communautés et nos églises. Notre identité en tant qu'homme ou femme est le fondement de notre appel à la paternité ou à la maternité, qu'elle soit naturelle ou spirituelle. En ce sens, la différence sexuelle a une signification universelle.

46. Parce qu'elle est une composante centrale de notre identité, la sexualité ne peut pas être isolée de la signification de la personne humaine. La sexualité n'est jamais simplement une impulsion physique ou émotionnelle. Elle implique toujours davantage. Le désir sexuel montre que nous ne nous suffisons jamais à nous-mêmes. Nous aspirons à avoir une intimité avec un autre. La relation sexuelle, même si elle est occasionnelle, n'est jamais un simple acte biologique. En fait, l'intimité sexuelle est toujours, en un certain sens, conjugale, parce qu'elle crée un lien humain, même si l'intention n'y est pas. L'acte conjugal bien ordonné n'est jamais simplement un repli sur soi, un acte érotique autonome. Notre sexualité est personnelle et intime mais elle a toujours une dimension et des conséquences sociales. Le mariage sacramentel n'est jamais une possession privée mais il se découvre en lien avec l'alliance avec Dieu qui est plus large.

Nous avons une éthique sexuelle parce que la sexualité a une signification spirituelle

47. Il existe deux vocations différentes qui rendent justice à notre appel à être homme et femme dans le dessein de Dieu : le mariage et le célibat. L'une et l'autre convergent vers l'idée commune que l'intimité sexuelle entre un homme et une femme appartient au contexte d'une

alliance et s'épanouit dans ce contexte. Le célibat est la façon dont des personnes non mariées confirment la vérité et la beauté du mariage. Le célibat comme le mariage s'abstiennent d'actes sexuels qui utilisent l'autre sous condition ou de manière temporaire. Une authentique abstinence dans le célibat n'est nullement un mépris de la sexualité, mais elle honore la sexualité en insistant sur le fait que l'intimité sexuelle est au service de l'alliance et est servie par elle. En vivant dans la lumière de cette alliance, les couples mariés et les personnes célibataires offrent de la même façon leur sexualité à la communauté, à la création d'une société qui n'est pas fondée sur la concupiscence et l'exploitation.

48. Les trois prochains chapitres parleront plus en détail du mariage (chapitres 4 et 5) et du célibat (chapitre 6). Mais ces deux modes de vie sont fondés sur l'invitation de Dieu à vivre la masculinité et la féminité de façon généreuse et dans le don de soi. Ces deux modes de vie sont orientés vers l'alliance avec Dieu et accueillent avec joie le fait d'avoir été créé homme ou femme. La discipline imposée à leur amour, la discipline de l'alliance, est parfois ressentie comme un poids. Mais c'est précisément cette discipline qui honore et révèle le sens véritable de l'amour créé à l'image de Dieu.

49. C'est parce que nous sommes créés homme ou femme à l'image de Dieu que nous sommes appelés à vivre la vertu de chasteté. La chasteté s'exprime de manières différentes, selon que l'on est marié ou pas. Mais pour tous, la chasteté implique le refus d'utiliser son propre corps, ou celui d'un autre, comme un objet de consommation. La chasteté est l'habitude, que l'on soit marié ou pas, de vivre sa sexualité dans la dignité et avec la grâce de la lumière des commandements de Dieu. La convoitise est le contraire de la chasteté. C'est une façon de regarder l'autre dans un but utilitaire, comme si le corps de l'autre n'existait que pour satisfaire un appétit. La vraie chasteté « ne conduit pas au mépris du corps » mais elle voit le corps dans toute la dimension de la personne[45]. La chasteté est un grand « oui » à la vérité de l'humanité créée à l'image de Dieu et appelée à vivre dans son alliance.

50. Vue sous cet angle, la chasteté est quelque chose que tout le monde est appelé à pratiquer. « Tout baptisé est appelé à la chasteté... Les personnes mariées sont appelées à vivre la chasteté conjugale ; les autres pratiquent la chasteté dans la continence[46]. » Un amour conjugal chaste situe l'*eros* dans le contexte de l'amour, l'attention, la fidélité et l'ouverture aux enfants. Un célibat chaste, par la continence, manifeste que l'intimité sexuelle appartient au contexte de l'amour, de l'attention et de la fidélité.

51. Les racines de cet enseignement chrétien sont anciennes. Saint Ambroise écrivait, au quatrième siècle : « Il existe trois formes de la vertu de chasteté : l'une des épouses, l'autre du veuvage, la troisième de la virginité. Nous ne louons pas l'une d'elles à l'exclusion des autres. C'est en quoi la discipline de l'Église est riche[47] ».

52. Comment vivre concrètement cet enseignement dans le mariage ou le célibat et dans les circonstances actuelles parfois difficiles ? C'est ce que nous allons voir dans les prochains chapitres de cette catéchèse.

53. *Dieu a créé tout le monde matériel par amour pour nous. Tout ce que nous pouvons voir et toucher, y compris nos corps d'homme ou de femme, a été créé en vue de l'alliance avec Dieu. Nous n'aimons pas toujours comme nous le devrions mais le modèle de l'amour de Dieu nous protège et nous rappelle notre vraie nature. Le mariage et le célibat sont les deux voies pour être ensemble en tant qu'homme ou femme, à la lumière de l'alliance de Dieu. C'est pour cette raison que le mariage et le célibat sont tous deux considérés comme des modes de vie chastes.*

QUESTIONS POUR LA DISCUSSION ——————

a) Pourquoi les catholiques apprécient-ils et estiment-ils tant le monde physique et tangible ? Pensez à ce qui est beau, comme la nature, les corps, la nourriture, l'art... Pourquoi ces choses sont-elles si importantes dans la tradition catholique ?

b) Quelle est la finalité de la création ? Le monde physique est-il une page blanche que nous sommes libres de gouverner et d'exploiter selon nos propres désirs ?

c) Le repos, la nourriture, le plaisir et la beauté sont attrayants. Mais nous avons parfois des désirs et des appétits profonds qui vont au-delà de ce qui est bon pour nous. Comment savons-nous si un désir est légitime et bon ? Comment pouvons-nous aimer et apprécier la création et nos corps dans la vie quotidienne ?

d) Selon vous, pourquoi la pratique catholique inclut-elle traditionnellement la fête et le jeûne, le célibat et le mariage ?

Joachim et Anne, mosaïque de Père Marko Rupnik – Chapelle du Saint-Esprit à l'université Sacred Heart, Fairfield, Conn.

IV. TOUS DEUX NE FONT QU'UN

Nous ne sommes pas faits pour être seuls. Les êtres humains ont besoin les uns des autres et se complètent. L'amitié et la communauté satisfont ce désir par des liens d'intérêt commun et d'amour. Le mariage est une forme d'amitié intime unique, qui invite un homme et une femme à s'aimer mutuellement selon l'alliance de Dieu. Le mariage est un sacrement. L'amour conjugal porte du fruit et s'offre sans réserve. Cet amour est à l'image de la fidélité de Jésus envers l'Église.

La vertu, l'amour et la bonté nous aident à réaliser notre destinée

54. La première lettre aux Corinthiens (13, 4-7), est un passage de l'Écriture souvent choisi pour les messes de mariage : « L'amour prend patience ; l'amour rend service ; l'amour ne jalouse pas ; il ne se vante pas, ne se gonfle pas d'orgueil ; il ne fait rien d'inconvenant ; il ne cherche pas son intérêt ; il ne s'emporte pas ; il n'entretient pas de rancune ; il ne se réjouit pas de ce qui est injuste, mais il trouve sa joie dans ce qui est vrai ; il supporte tout, il fait confiance en tout, il espère tout, il endure tout » .

55. Ce texte est beau. C'est parce que nous sommes créés à l'image de Dieu qu'il est cohérent avec notre nature humaine d'aimer ainsi. Mais il n'est pas facile d'aimer ainsi. Cela demande de l'humilite et de la patience. Le Pape François l'a affirmé récemment : « La foi n'est pas un refuge pour ceux qui sont sans courage[48] ». L'amour conjugal doit être construit sur plus qu'une romance. La romance est merveilleuse mais,

seule, elle ne peut pas survivre au besoin d'attention et aux défis que rencontrent inévitablement tous les couples mariés. Pour être ce que nous sommes – pour aimer selon la finalité de la création – certaines vertus sont nécessaires. Il faut que nous vivions et que nous cultivions ces vertus pour réaliser notre destinée.

56. La « théologie du corps » de saint Jean-Paul II parle d'une certaine « liberté intérieure » et d'une « maîtrise de soi » dont les époux ont besoin pour pouvoir se donner vraiment l'un à l'autre[49]. Une personne qui a des attentes trop sentimentales et qui manque du levain de la liberté intérieure et de la capacité à se donner manquera de souplesse. Pour vivre la dimension sacramentelle du mariage et pour être fidèles à l'alliance, le mari et la femme doivent être capables de transcender leur ressentiment, de mettre de côté leurs droits et de faire un pas de plus dans la générosité. Sans cette liberté intérieure et cette capacité, de sérieux problèmes risquent de surgir parce que la vie des époux suppose des situations souvent loin d'être romantiques.

57. Un mariage qui n'est fondé que sur une simple « chimie sexuelle » ne peut durer. Des partenaires qui ne recherchent qu'un érotisme et ne cherchent qu'à posséder l'autre n'ont pas la capacité intérieure de prendre du recul et de laisser un espace pour la remise en cause de soi, la réconciliation et la croissance. Dans le mariage, la promesse de s'aimer fermement comme Dieu le fait permet de créer et de protéger cet espace vital. L'engagement sacramentel d'aimer même quand l'amour est difficile est un élément essentiel de l'alliance de Dieu.

L'amour vrai s'engage

58. Aucun mortel ne peut satisfaire toutes nos attentes. L'unité conjugale réelle s'appuie sur l'alliance de Dieu, une alliance qui reconnaît le désir érotique mais qui engage mutuellement l'homme et la femme beaucoup plus fondamentalement, dans la maladie et dans la santé, la richesse et la pauvreté. Le mariage chrétien n'est pas quelque chose de sentimental ou un arrangement sous condition « jusqu'à nouvel

ordre[50] ». Un soi-disant mariage « à l'essai », une tentative de vivre une vie intime mais hypothétique, de tester la relation et de la poursuivre tant que la romance existe, est une contradiction dans les termes[51]. Le Pape François l'a fait observer récemment dans un discours public :

> Mais vous savez que le mariage c'est pour toute la vie ? « Ah, nous, nous nous aimons beaucoup, mais... nous resterons ensemble tant que dure l'amour. Quand il finira, chacun de son côté ». C'est l'égoïsme : quand je ne le sens pas, je brise le mariage et j'oublie ce « une seule chair » qui ne peut pas se diviser. Il est risqué de se marier : c'est risqué ! C'est cet égoïsme qui nous menace, parce qu'à l'intérieur de nous tous, nous avons la possibilité d'une double personnalité : celle qui dit : « Je suis libre, je veux cela... » et l'autre qui dit : « Moi je, avec moi, à moi, pour moi... ». L'égoïsme toujours, qui revient et ne sait pas s'ouvrir aux autres[52].

Dans notre monde post-moderne où la confiance est rare, le mariage paraît intimidant. Nous craignons de nous lier avec la mauvaise personne. Dans un contexte de mondialisation, où la situation économique est souvent, à juste titre, source d'anxiété, nous pouvons aussi nous imaginer que nous devons régler tous les défis de notre vie et toutes les questions financières ou économiques avant de pouvoir aimer comme Jésus a aimé.

59. Pour répondre à toute cette série de craintes et d'inquiétudes, l'Église propose Jésus, les sacrements et le soutien de ses membres dans une amitié mutuelle, certaine que dans tous ces défis, la manière chrétienne d'aimer est possible et révélera qui nous sommes vraiment. L'Église promet à ses fils et à ses filles que le mariage est un sacrement, que la grâce apportée par le lien et la pratique du mariage catholique est un soutien réel, qu'elle est présente et efficace. En réponse à nos craintes et à nos angoisses, l'Église redit avec insistance que promettre d'aimer selon l'alliance n'est pas une hypothèse pour des saints imaginaires et parfaits, mais que c'est un engagement possible pour des pécheurs en

chemin. Comme le dit le Pape François, le sacrement du mariage « se réalise dans la simplicité, ainsi que dans la fragilité de la condition humaine. Nous savons parfaitement combien de difficultés et d'épreuves connaît la vie de deux époux... L'important est de conserver vivant le lien avec Dieu, qui est à la base du lien conjugal[53]. »

60. Aimer ainsi n'est pas quelque chose que nous pouvons remettre à plus tard en disant que nous essaierons une fois que nous aurons réglé un certain nombre de questions pratiques ; au contraire, on ne peut aborder de manière juste les questions pratiques de la vie que si l'on aime ainsi. Aimer ainsi n'est pas un idéal sur un horizon toujours plus lointain ; aimer ainsi est au contraire un choix que nous faisons dans la vie quotidienne, en commençant ici et maintenant au cœur des pressions quotidiennes. Le Pape François a déclaré à une autre occasion :

> Le mariage est aussi un travail de tous les jours, je pourrais dire un travail artisanal, un travail de joaillerie, parce que le mari a la tâche de rendre son épouse plus femme et la femme a celle de rendre son mari plus homme. Grandir aussi en humanité, comme homme et comme femme. Et c'est entre vous que cela se fait. C'est ce qui s'appelle grandir ensemble. Cela ne tombe pas du ciel ! Le Seigneur le bénit, mais cela vient de nos mains, de vos comportements, de votre mode de vie, de votre manière de vous aimer. Nous faire grandir ! Faire toujours en sorte que l'autre grandisse[54].

Le Pape François reconnaît que beaucoup peuvent avoir peur d'un tel défi et que certains peuvent éviter le mariage par scepticisme ou par peur :

> Aujourd'hui, beaucoup de personnes ont peur de faire des choix définitifs. Faire des choix pour toute la vie semble impossible... Et cette mentalité pousse beaucoup de ceux qui se préparent au mariage à dire : « On reste ensemble tant que dure l'amour »... Mais qu'est-ce que nous entendons par

« amour » ? Seulement un sentiment, un état psycho-physique ? Bien sûr, si c'est cela, on ne peut pas construire sur quelque chose de solide. Mais si, en fait, l'amour est une relation, alors c'est une réalité qui grandit, et nous pouvons dire, par analogie, qu'elle se construit comme une maison. Et on construit la maison ensemble, pas tout seul !... Vous ne voulez pas la fonder sur le sable des sentiments qui vont et viennent, mais sur le roc de l'amour vrai, l'amour qui vient de Dieu... Et nous ne devons pas nous laisser vaincre par « la culture du provisoire » !... Cette peur du « pour toujours » ? On la soigne jour après jour, en se confiant au Seigneur Jésus dans une vie qui devient un chemin spirituel quotidien, fait de pas, des petits pas, des pas de croissance commune[55].

Les bons mariages sont bâtis sur les vertus, en particulier celles de la miséricorde et de la chasteté

61. Les personnes qui veulent bâtir leur mariage sur le roc cultiveront certaines vertus. Le Catéchisme de l'Église catholique promet que, dans le sacrement du mariage, le Christ demeure avec le couple, aidant les époux à porter leur croix, à « se relever après leurs chutes », pour pardonner et pour porter les fardeaux l'un de l'autre[56]. Le Pape François y fait succinctement allusion lorsqu'il dit que vivre ensemble est un « art... que l'on peut résumer à trois mots : s'il te plaît, merci et pardon[57] ». L'apprentissage de ces mots peut être difficile. Mais le mariage peut très rapidement devenir très douloureux si ces simples mots sont absents.

62. Toutes les vertus cardinales (prudence, tempérance, justice et force) et les vertus théologales (foi, espérance et charité) sont nécessaires et importantes pour qu'un mariage soit heureux. La chasteté, en particulier, est le terreau d'un mariage solide. Pour entraîner nos cœurs au mariage, nous devons pratiquer la liberté intérieure, nous entraîner à considérer notre sexualité dans le contexte de la communion et de la sainteté de l'autre. La chasteté forme de bonnes habitudes d'oubli et de

maîtrise de soi, qui sont les conditions préalables pour traiter les autres avec miséricorde. Des mariages fantaisistes sans un cœur chaste sont un départ fragile pour un long chemin de miséricorde.

63. Une véritable unité matrimoniale repose aussi sur la miséricorde, une qualité que nous apprenons de Jésus et que nous voyons à travers l'alliance de Dieu. Dans la liturgie, nous prions « Seigneur, prends pitié ». Jésus nous donne sa miséricorde et c'est pourquoi nous pouvons être miséricordieux.

64. La miséricorde grandit quand nous aimons comme le Christ nous l'a montré. La « grâce du mariage chrétien est un fruit de la Croix du Christ, source de toute vie chrétienne[58]. » Les catholiques croient que « le Christ est lui-même à l'œuvre » dans chacun des sept sacrements et que, dans les sacrements, le Saint-Esprit est comme un feu qui « transforme en vie divine » tout ce qu'il touche[59]. Dans le sacrement du mariage, l'alliance de Dieu est rendue visible, la grâce de l'alliance est communiquée et partagée[60]. Dans le sacrement du mariage, l'alliance de Dieu entre dans notre foyer et constitue les fondations de notre famille.

65. Le mariage chrétien est une question d'abandon de soi à l'autre. Bien sûr, il existe d'autres alternatives, d'autres modèles de mariage proposés par la société en général. Mais il s'agit d'un « mariage » considéré comme un prix que l'on ne s'accorde à soi-même et à son partenaire qu'après une longue série d'expériences amoureuses. Ou encore du « mariage » considéré comme un contrat, une répartition des droits entre individus pour protéger leur autonomie. On sème alors la graine de la déception et du conflit. L'eros connaîtra des hauts et des bas et un cadre de droits contestés ne peut pas être un terreau fertile pour la miséricorde.

66. Au long des siècles, les êtres humains se sont mariés pour des motifs variés, certains plus nobles, d'autres pragmatiques. Dans le sacrement du mariage, l'Église nous offre une protection, une grâce et une leçon quotidienne sur la nature de l'amour de Dieu. Les promesses

matrimoniales dans l'Église rappellent constamment au mari et à la femme quel est le meilleur de leur nature et situe le mariage en relation avec les autres sacrements, en particulier la réconciliation et l'eucharistie. L'économie sacramentelle fait de la réconciliation et de la fidélité les fondements de la vie matrimoniale et, ce faisant, elle encourage et protège la vraie communion entre les sexes. Pour les hommes et les femmes de l'époque post-moderne, qui ne savent pas ce qu'il faut croire ni qui il faut croire, une telle aventure semble risquée. Mais l'Église, qui connaît le cœur humain mieux que nous ne nous connaissons nous-mêmes, sait aussi qui est Jésus, qu'il est le Seigneur, qu'il est digne de confiance et que l'amour dont il aime est, en fin de compte, le seul amour.

67. Jésus crée pour nous une nouvelle possibilité, une vision du mariage fondée sur son alliance avec l'Église, un mariage fondé sur la stabilité, la chasteté et la miséricorde. Nous pouvons voir combien le sacrement du mariage intègre toute la vie chrétienne ; en effet cultiver les vertus de l'amour, de la liberté intérieure, de la fidélité, de la miséricorde et du pardon est le projet de toute une vie qui se bâtit sur des habitudes de prière, la participation aux sacrements et la familiarité avec l'histoire de l'alliance de Dieu. Le Seigneur sait qu'aucun mariage ne peut exprimer toutes les vertus tout le temps mais, dans sa miséricorde, il nous donne les sacrements de la réconciliation et de l'eucharistie pour faire grandir notre capacité d'aimer comme Jésus nous aime. Orienter nos vies de cette façon exige un sacrifice, mais en fin de compte, cette vie est belle. Jésus est le chemin de la vérité et de la joie.

QUESTIONS POUR LA DISCUSSION ———————

a) Qu'est-ce que la spiritualité catholique du mariage ? Que peuvent faire les familles pour célébrer et protéger le mariage chrétien ?

b) Si le mariage est un sacrement, quelles en sont les conséquences pour la période de fréquentation ? Quelles qualités devrions-nous rechercher chez notre futur époux ou notre future épouse ?

c) Comment les sacrements de la réconciliation et de l'eucharistie sont-ils liés au sacrement du mariage ?

d) Dans la Prière du Seigneur, nous disons « pardonne-nous nos offenses comme nous pardonnons à ceux qui nous ont offensés ». Pour vous, est-ce facile ou difficile de dire cela ? En quoi le pardon permet-il la relation ?

La Sainte famille, Giorgione, c. 1500, National Gallery of Art, Washington, DC

V. CRÉER L'AVENIR

Le mariage est censé être fertile et accueillir une nouvelle vie. Les enfants façonnent l'avenir, tout comme eux-mêmes sont façonnés dans leur famille. Sans enfants, il ne peut y avoir d'avenir. Des enfants élevés et guidés avec amour sont les fondements d'un avenir aimant. Les enfants blessés laissent présager un avenir blessé. Les familles sont le socle de toutes les communautés plus grandes. Les familles sont des églises domestiques, des lieux où les parents aident leurs enfants à découvrir que Dieu les aime et qu'il a un projet pour la vie de chacun d'eux.

Le mariage donne un cadre spirituel aux possibilités de la biologie

68. Le mariage suppose l'amour, la loyauté et l'engagement. Mais bien d'autres types valables de relations supposent la même chose. Le mariage est différent. Le mariage est une alliance bâtie sur le pouvoir de procréer de l'homme et de la femme. Notre système biologique impose certaines limites et offre des possibilités et le mariage est une réponse pour vivre saintement cette situation.

69. Nous traiterons de l'aspect du célibat dans le prochain chapitre. Dans le chapitre VII, nous discuterons des défis que pose la question de la fertilité dans le mariage, en particulier dans le contexte de la contraception et du mariage entre personnes de même sexe. Dans cette section, nous nous demanderons comment l'amour conjugal intègre la fertilité de l'homme et de la femme dans le sacrement de l'alliance de Dieu.

70. Le mariage est une réponse à la possibilité de procréer de l'homme et de la femme. Quand un homme et une femme se marient en faisant la démarche supplémentaire de consentir librement à se promettre mutuellement d'êtres fidèles tout au long de la vie[61], le mariage situe la procréation dans le cadre de la dignité humaine et de la liberté. La promesse conjugale est analogue à l'alliance de Dieu avec Israël et avec l'Église. L'Église nous enseigne que le mariage est « l'alliance matrimoniale, par laquelle un homme et une femme constituent entre eux une communauté de toute la vie, ordonnée par son caractère naturel au bien des conjoints ainsi qu'à la génération et à l'éducation des enfants, a été élevée entre baptisés par le Christ Seigneur à la dignité de sacrement[62]. » En bref, le mariage est une communauté de vie et d'amour[63].

71. Par le sacrement du mariage, la fidélité de l'alliance de Dieu est à la disposition du mari et de la femme, comme l'est la communion trinitaire entre le Père, le Fils et le Saint-Esprit. Ce fondement spirituel donne à la fécondité biologique une rationalité nouvelle et plus profonde, puisque l'accueil des enfants est une extension de la générosité divine. Nous voyons ainsi que les « trois biens du mariage » selon saint Augustin (les enfants, la fidélité et le sacrement) sont enracinés dans le dessein de Dieu[64].

La vocation spirituelle d'être parents

72. Comme pour toute vocation, la question de savoir si l'on veut des enfants, et quand, ne se décide pas simplement selon des critères humains autoréférentiels. Il y a des « conditions physiques, économiques, psychologiques et sociales » humaines et légitimes que le mari et la femme doivent considérer dans leur discernement[65]. Mais, en fin de compte, la question de devenir parents repose sur la même logique que le sacrement du mariage lui-même : c'est l'amour sous la forme du service, du sacrifice, de la confiance et de l'ouverture à la générosité de Dieu. Le mariage catholique repose sur les sacrements et sur le soutien de la communauté chrétienne ; c'est pourquoi, quand des époux catholiques envisagent de devenir des parents catholiques, ce contexte spirituel et communautaire demeure.

73. Quand des époux deviennent parents, la dynamique intérieure de la création de Dieu et du sacrement du mariage devient visible de manière particulièrement claire et belle. Quand le mari et la femme ont des enfants qu'ils reçoivent de l'amour du Christ pour eux, ce même amour oriente aussi les nouveaux parents dans l'éducation et la formation spirituelle qu'ils donnent à leurs enfants[66]. « Ces enfants sont les maillons d'une chaîne », a dit le Pape François récemment, lorsqu'il a baptisé trente-deux bébés : « Vous, les parents, vous avez aujourd'hui un enfant – garçon ou fille – à baptiser, mais dans quelques années, ce seront eux qui auront un enfant à baptiser, un petit-enfant... Il en est ainsi de la chaîne de la foi ![67] ».

74. Cette chaîne d'enfants et de parents existe depuis des millénaires. Deux fois par jour, jusqu'à aujourd'hui, les prières juives s'ouvrent avec le *Sh'ma*, que l'on trouve dans le Deutéronome :

> « Écoute, Israël: Yahvé notre Dieu est le seul Yahvé. Tu aimeras Yahvé ton Dieu de tout ton cœur, de toute ton âme et de tout ton pouvoir. Que ces paroles que je te dicte aujourd'hui restent dans ton cœur ! Tu les répéteras à tes fils, tu les leur diras aussi bien assis dans ta maison que marchant sur la route, couché aussi bien que debout »[68].

75. Nous répétons : *Tu les répéteras à tes enfants.* Au cœur de cet ordre, de cette responsabilité fondatrice, se trouve la réaffirmation de l'alliance entre Dieu et Israël. Les parents devraient nourrir et accompagner leurs enfants dans la relation à Dieu de leur communauté. C'est pourquoi le Deutéronome dit : Récite et partage les merveilles de Dieu avec tes enfants. Jésus dit la même chose à ses disciples : Laisse-les venir à moi (Mt 19,14). Le Deutéronome et Jésus s'adressent à nous. Tous deux disent : *Assure-toi que les enfants dont tu as la charge ont une relation avec Dieu et avec le peuple de Dieu. Enseigne aux enfants à prier et à contempler le Seigneur. Nourris ce lien quotidien chez toi et n'y mets pas d'obstacle.*

76. C'est ce qui donne sa finalité à la vocation des parents catholiques. Ce même amour entre l'homme et la femme, en leur enseignant les voies de l'alliance et en les guidant jusqu'au sacrement du mariage, fait du couple une famille[69]. Le mari et la femme deviennent un père et une mère : « De leur union, en effet, procède la famille où naissent des membres nouveaux de la cité des hommes, dont la grâce de l'Esprit Saint fera par le baptême des fils de Dieu pour que le Peuple de Dieu se perpétue tout au long des siècles[70]. » Les chrétiens n'ont pas des enfants simplement pour perpétuer l'espèce et construire la société, mais pour former la famille entière en vue de la communion des saints. D'après saint Augustin, l'amour conjugal de l'homme et de la femme « est comme la pépinière des villes et des cités »[71] ; il entend par là pas seulement la cité terrestre ou la société civile, mais aussi la cité céleste, l'Église dans sa pleine floraison.

La vie dans l'église domestique

77. Le Concile Vatican II appelait la famille une « église domestique », *Ecclesia domestica* :

> Il faut que par la parole et par l'exemple, dans cette sorte d'Église qu'est le foyer, les parents soient pour leurs enfants les premiers hérauts de la foi, au service de la vocation propre de chacun et tout spécialement de la vocation sacrée[72].

La nature de la vocation de la famille requiert d'être vécue avec attention. « Toute vie est vocation »[73] mais, comme pour le mariage, le discernement d'une vocation ne « tombe pas du ciel »[74]. L'habitude du discernement peut être enseignée et cultivée. Il est de la responsabilité de la mère et du père d'être avec leurs enfants à la maison et à l'Église et de prier régulièrement ensemble. Ils n'apprendront pas comment faire si on ne le leur enseigne pas. Les parents peuvent trouver de l'aide auprès des parrains et des marraines, des grands-parents, des enseignants, des prêtres et des religieux pour assumer leurs responsabilités et pour grandir, eux aussi, et apprendre à prier. Le Pape François, qui est un jésuite avec des années de formation derrière lui dans l'art du discernement, montre combien la prière et la découverte de la vocation vont de pair : « Il est important d'avoir un rapport quotidien avec Lui, de l'écouter en silence devant le tabernacle et dans l'intimité de nous-mêmes, de Lui parler, de s'approcher des sacrements. Avoir ce rapport familier avec le Seigneur, c'est comme tenir ouverte la fenêtre de notre vie pour qu'il nous fasse entendre sa voix, ce qu'il veut de nous »[75].

78. Apprendre à discerner en famille nécessite patience et prière, un désir constant de purifier ses intentions, de se confesser et de faire pénitence, d'accepter le lent travail de la croissance dans la vertu, d'ouvrir son imagination à l'Écriture et au témoignage de l'Église, et de comprendre sa propre vie intérieure. Apprendre à discerner pour soi et transmettre cela à ses enfants demande d'être humble, ouvert à la critique positive et prêt à discuter sur la manière dont Dieu agit dans notre vie. Une approche vocationnelle de la vie requiert la volonté de reconnaître franchement ses propres désirs, mais surtout, d'offrir sa vie à Dieu, d'être ouvert à l'aventure et aux nouveaux desseins qui peuvent se présenter lorsque nous disons : « Ta volonté, et pas la mienne »[76] (cf. Mt 26,39 et 26,42). Sainte Thérèse de Lisieux priait ainsi, lorsqu'elle était enfant : « Mon Dieu, je choisis tout. Je ne veux pas être une sainte à moitié, cela ne me fait pas peur de souffrir pour vous, je ne crains qu'une chose, c'est de garder ma volonté, prenez-la, car je choisis tout ce que vous voulez ! »[77].

79. Lorsqu'il y a beaucoup de jeunes enfants dans une famille, les parents doivent faire face à tout un éventail de contraintes. Être parent est exigeant. Toutefois, si le but de la vie de famille chrétienne est d'ouvrir les fenêtres de la maison à la grâce de Dieu dans la vie quotidienne, alors, même dans la fatigue et le chaos domestique, les parents peuvent demeurer ouverts à l'Esprit. Personne ne veut charger davantage les parents. Mais « cette charité ne doit pas seulement s'exercer dans des actions d'éclat, mais, et avant tout, dans le quotidien de la vie »[78]. Dans la vulnérabilité de ces moments, les parents découvrent ce que signifie

saint Paul quand il dit : « Lorsque je suis faible, c'est alors que je suis fort » (2 Cor 12,10).

80. Être parent est un bon moyen pour démonter nos faux-semblants : cela nous permet de voir que nous ne sommes pas autonomes mais que nous avons besoin de l'aide et de la force de Dieu, de notre famille, de notre paroisse, de nos amis. L'imagination et l'horizon des enfants sont modelés par tous les aspects de la vie quotidienne dans l' « économie familiale » : la façon dont la famille réagit à l'adversité et à la maladie, son habitude de se réunir pour des repas ou pour prier, sa manière de prendre des décisions financières et ses choix de priorités ; ou encore par la façon dont la famille décide de ses loisirs, du travail et de la carrière des parents, de la formation supérieure des enfants, ou simplement des horaires du coucher. Les routines familiales peuvent être des brèches, des lieux traversés par l'Esprit, où les attitudes de gentillesse et d'hospitalité chrétienne sont le ferment de toute la vie.

Notre contexte culturel nécessite des familles qui sachent discerner

81. Le Pape François a donné un point de vue pratique sur bon nombre de ces questions :

> Je pense que nous pouvons tous nous améliorer un peu sur cet aspect : écouter tous davantage la Parole de Dieu, pour être moins riches de nos paroles et plus riches de ses Paroles... Je pense aux papas et aux mamans, qui sont les premiers éducateurs [de leurs enfants]: comment peuvent-ils éduquer si leur conscience n'est pas illuminée par la Parole de Dieu, si leur façon de penser et d'agir n'est pas guidée par la Parole ; quel exemple peuvent-ils donner aux enfants ? Cela est important, car après, les papas et les mamans se plaignent : « Cet enfant... ». Mais toi, quel témoignage lui as-tu donné ? Comment lui as-tu parlé ? De la Parole de Dieu ou de la parole des journaux télévisés ? Les pères et les mères doivent parler de

la Parole de Dieu ! Et je pense aux catéchistes, à tous les éducateurs : si leur cœur n'est pas réchauffé par la Parole, comment peuvent-ils réchauffer le cœur des autres, des enfants, des
jeunes, des adultes ? Il ne suffit pas de lire les Écritures Saintes,
il faut écouter Jésus qui parle en elles : c'est précisément Jésus
qui parle dans les Écritures, c'est Jésus qui parle en elles… De-
mandons-nous : quelle place la Parole de Dieu a-t-elle dans ma
vie, ma vie de chaque jour ? Suis-je syntonisé sur Dieu ou sur
les nombreuses paroles à la mode ou sur moi-même ? C'est une
question que chacun de nous doit se poser[79].

82. Le Pape François a aussi fait allusion aux nouvelles télévisées,
soulevant plus généralement la question des mass médias, des réseaux sociaux sur internet et des autres formes de culture populaire.
Il ne faudrait pas s'engager de manière automatique dans ces formes
de culture ; s'y impliquer de manière constructive demande aussi du
discernement. Le Catéchisme de l'Église catholique, abordant le sujet
de l'église domestique, fait observer que le monde actuel est « souvent
étranger et même hostile à la foi »[80]. Dans notre monde culturel frag-
menté, où l'environnement social et médiatique risque de miner l'autorité parentale en général, et celle des parents catholiques en particulier,
les parents et les enfants doivent réfléchir sur leur manière d'être, en
famille, dans le monde sans être du monde[81].

83. Lorsque nous entrons en contact avec une culture, et c'est surtout
vrai pour les enfants, notre imagination et nos ambitions sont fa-
çonnées par celle-ci. Pour la plupart d'entre nous, mais surtout pour
les enfants, nos espoirs d'une bonne vie se construisent à partir des
images, des films, de la musique et des événements de nos vies. C'est
donc aux parents, à la famille élargie, aux parrains et aux marraines,
aux guides et éducateurs adultes de surveiller cette exposition et de
veiller à ce que l'imagination des enfants soit fortifiée et nourrie par
des aliments sains, par de la matière qui protège leur innocence, qui
leur ouvre l'appétit à l'aventure de la vie chrétienne, et qui sous-tende
une approche vocationnelle de la vie. La beauté et la contemplation de-

vraient faire partie de l'environnement ordinaire de l'enfant pour qu'il puisse apprendre à percevoir la dimension sacramentelle de la réalité. Les parents, les personnes âgées, les parrains et les marraines, les paroissiens, les catéchistes et les enseignants doivent être exemplaires pour les enfants. La formation des jeunes inclut nécessairement « une connaissance livresque ». Une culture spirituelle implique de connaître les faits de la foi. Mais il est encore plus vital d'enseigner aux enfants à prier, et de leur donner des modèles, des exemples adultes qui soient des témoins et qui les attirent.

84. Les enfants plus grands et les adolescents peuvent progressivement prendre conscience de la culture ambiante et apprendre à réfléchir tout en se formant un point de vue plus mûr sur la prière et le discernement vocationnel. Ces thèmes importants devraient faire partie de la préparation au sacrement de la Confirmation qui donne la grâce de devenir des disciples fidèles sur ces questions[82].

La famille et la paroisse dépendent l'une de l'autre

85. L'*Ecclesia domestica* ne peut pas, bien sûr, exister sans l'*Ecclesia*. L'église domestique implique une relation avec l'Église universelle : « la famille, pour être une « petite église », doit vivre bien inscrite dans la « grande Église », c'est-à-dire dans la famille de Dieu que le Christ est venu former »[83]. La participation régulière à la messe dominicale avec l'Église universelle est un *sine qua non* pour que l'église domestique mérite son nom. L'Église universelle est celle qui porte et qui enseigne l'alliance de Dieu avec son peuple, cette même alliance qui permet et soutient la vie matrimoniale et familiale.

86. Le Pape Benoît XVI parlait de la paroisse comme d'une « famille des familles » qui est « capable de partager avec elles, en même temps que les joies, les inévitables difficultés des débuts »[84]. Il est certain que les sacrements, et très souvent les œuvres corporelles de miséricorde, peuvent être grandement facilitées par la paroisse. Les enfants ont besoin de voir leurs parents et d'autres adultes dans leur vie exprimer leur

solidarité avec les pauvres et faire quelque chose pour les servir. Les paroisses et les diocèses peuvent aider en fournissant ces occasions[85]. L'église domestique sert la paroisse et elle est servie par elle.

87. La paroisse, le diocèse et d'autres institutions catholiques comme les écoles, les mouvements et les associations, sont des lieux clés pour les enfants qui n'ont pas deux parents. Les enfants peuvent n'avoir qu'un parent pour diverses raisons, telles que la mort et la maladie, le divorce, l'immigration, la guerre, l'alcool et la drogue, la violence domestique, les abus, la persécution politique, le chômage ou des conditions de travail itinérant dues à la pauvreté[86]. Il est triste aussi d'observer que parfois les maris et femmes, les pères et mères se séparent pour des raisons qui requièrent notre compassion. « Le bouleversement affectif dont souffrent les enfants de couples séparés, qui se retrouvent soudain avec un seul parent ou dans une « nouvelle » famille, représente un défi pour les évêques, les catéchistes, les enseignants et toutes les personnes responsables de jeunes... Il ne s'agit pas de remplacer leurs parents mais de collaborer avec eux »[87].

88. Pour une paroisse, être véritablement une « famille des familles » demande de poser des actes concrets d'hospitalité et de générosité. Saint Jean-Paul II disait que tenir « simplement ouverte la porte de sa maison et, mieux encore, de son cœur » est une forme d'imitation du Christ[88]. Aider et se faire aider touchent à notre intimité. Personne, encore moins un enfant, ni les parents confrontés à des crises inattendues, ni les personnes âgées plus vulnérables, ni la personne qui souffre, ne devraient se sentir seul dans une famille paroissiale. Rien ne peut remplacer des paroissiens ordinaires créant des liens d'amitié ou se rendant mutuellement service au cours de la semaine : c'est ainsi que l'Église s'élargit au-delà du dimanche matin. C'est à la manière dont les laïcs se comportent entre eux que l'on voit si une paroisse remplit sa mission. Cette vision de la vie de paroisse doit être enseignée et donnée en exemple par les prêtres, surtout peut-être dans les grandes paroisses où il peut exister un risque d'anonymat. Mais en fin de compte, faire qu'une paroisse soit vivante de cette façon ne peut pas être cléricalisé. Cette vision de la vie de l'Église

a besoin de laïcs. Saint Paul disait aux Galates que si vous « portez les fardeaux les uns des autres », ainsi vous « Portez les fardeaux les uns des autres et accomplissez ainsi la Loi du Christ » (Gal 6,2). En conséquence, donc, si nous ne portons pas les fardeaux les uns des autres, si nous laissons les familles vulnérables et les personnes seules se débrouiller par elles-mêmes dans la solitude, nous gaspillons nos ressources. Si notre style de vie n'est pas fondé sur la communion et le service, nous ne pouvons pas grandir. Nous sommes faits les uns pour les autres et ce serait dommage de vivre comme si cela n'était pas vrai, ce serait un manquement à la loi du Christ qui est source de vie.

89. Accueillir des enfants seuls soulève naturellement la question de l'adoption. Jean-Paul II, dans un discours à l'attention de familles adoptives, déclarait :

> Adopter un enfant est une grande œuvre d'amour. Lorsqu'on l'accomplit, on donne beaucoup, mais on reçoit également beaucoup. Il s'agit d'un véritable échange de dons.
>
> Notre époque connaît malheureusement également dans ce domaine de nombreuses contradictions. Face à tant d'enfants qui, en raison de la mort ou de l'incapacité des parents, restent sans famille, il existe tant de couples qui décident de ne pas avoir d'enfant pour des raisons souvent égoïstes. D'autres se laissent décourager par des difficultés économiques, sociales ou bureaucratiques. D'autres encore, dans leur désir d'avoir un enfant «à eux» à n'importe quel prix, vont bien au-delà de l'aide légitime que la science médicale peut assurer à la procréation, allant jusqu'à des pratiques moralement répréhensibles. A l'égard de telles tendances, il faut rappeler que les indications du droit moral ne trouvent pas de solutions dans des principes abstraits, mais protègent le véritable bien de l'homme, et dans ce cas le bien de l'enfant, par rapport à l'intérêt des parents eux-mêmes[89].

Jean-Paul II espérait que « les familles chrétiennes sauront s'ouvrir à une plus grande disponibilité en faveur de l'adoption et de la prise en charge des enfants privés de leurs parents ou abandonnés par eux »[90]. Il pouvait oser espérer parce que l'amour qui anime le mariage chrétien est l'alliance de Dieu, un amour éternellement accueillant et plein de vie.

90. *L'intimité conjugale entre l'homme et la femme comporte la possibilité d'avoir des enfants. Aucune autre relation ne permet cette possibilité fondamentale, organique et biologique. Le mariage entre un homme et une femme porte cette fertilité potentielle dans un contexte spirituel. Être parent est une vocation spirituelle car cela implique, finalement, de préparer nos enfants à devenir des saints. Cette ambition audacieuse suppose des pratiques humbles mais importantes à la maison, comme la prière et l'éducation à des dispositions spirituelles. Cela exige des parents qu'ils discernent comment engager leur famille dans une culture plus large. Initier ses enfants à une relation avec le Seigneur signifie qu'une église domestique devra intégrer la paroisse tout comme l'Église universelle plus vaste. Les défis de la vie de famille nécessitent un soutien : aucune famille ne peut s'épanouir toute seule. Pour s'épanouir, les familles ont besoin des paroisses, et leurs paroisses ont besoin d'elles. Il faut des laïcs pour créer et servir dans cet apostolat.*

QUESTIONS POUR LA DISCUSSION

a) En quoi le mariage entre un homme et une femme est-il différent des autres formes d'amitié ?

b) Avez-vous déjà prié avec un enfant ?... lu la Bible avec un enfant ou discuté de certains aspects de la foi ? Si vous n'êtes pas parent vous-même, y a-t-il dans votre vie des enfants qui pourraient avoir besoin d'un ami ou d'un guide ?

c) Qu'appelle-t-on habitudes de discernement ? Qu'entend-on par approche vocationnelle de la vie ?

d) Qu'est-ce qu'une église domestique ? Comme la paroisse sert-elle la famille et comment la famille sert-elle la paroisse ? Comment une famille et une paroisse peuvent-elles « accomplir la loi du Christ », comme cela est écrit dans Galates 6,2 ?

Jésus lave les pieds des disciples, © 2000 de John August Swanson / Sérigraphie 21 par 26 /
www.JohnAugustSwanson.com

VI. TOUT AMOUR PORTE DU FRUIT

Tout le monde n'est pas appelé au mariage. Mais toute vie est censée être fertile. Toute vie a le pouvoir et le besoin de susciter une nouvelle vie – si ce n'est pas en portant et en éduquant ses propres enfants, c'est à travers d'autres formes vitales de don de soi, d'édification et de service. L'Église est une grande famille avec différentes vocations, distinctes mais ayant besoin les unes des autres et se soutenant mutuellement. Le sacerdoce, la vie religieuse et la vocation au célibat des laïcs enrichissent le témoignage de l'état de vie du mariage et en sont enrichis. Les différentes façons de vivre la chasteté et le célibat en dehors du mariage sont des manières de donner sa vie pour le service de Dieu et pour la communauté humaine.

La fécondité spirituelle du célibat

91. Deux des sacrements de l'Église sont uniques en ce qu'ils sont l'un et l'autre ordonnés au « salut des autres ». Le sacrement de l'ordre et celui du mariage « confèrent une grâce spéciale pour une mission particulière dans l'Église, au service de l'édification du peuple de Dieu »[91].

92. En d'autres termes, les hommes et les femmes n'ont pas tous besoin d'être des parents biologiques pour faire rayonner l'amour de Dieu ou pour faire partie de la « famille des familles » qu'est l'Église. La vocation au sacerdoce, les vœux de la vie religieuse, ont leur intégrité et leur gloire propre. L'Église a toujours besoin de prêtres et de religieux et les parents doivent aider leurs enfants à être réceptifs à l'appel de Dieu qui pourrait les inviter à offrir leur vie de cette façon.

93. En outre, de nombreux laïcs célibataires ont un rôle irremplaçable dans l'Église. L'Église encourage diverses manières de vivre le célibat mais toutes sont, dans un sens ou dans un autre, un appel à servir l'Église et à favoriser la communion de façon analogue à celle des parents.

94. Le célibat authentique, qu'il soit laïc, ordonné ou porté par des vœux, est orienté vers la vie sociale et communautaire. Être un « père spirituel » ou une « mère spirituelle » - peut-être en tant que membre du clergé ou religieux, mais aussi en tant que parrain ou marraine, ou comme membre de la famille, catéchiste ou enseignant, ou simplement comme guide et ami - est une vocation d'estime, quelque chose d'essentiel pour la bonne santé et le rayonnement d'une communauté chrétienne.

95. Saint Jean-Paul II a proposé une réflexion sur les qualités maternelles de Mère Teresa et, par extension, sur les fruits et la fécondité spirituelle de la vie de célibat plus généralement :

Appeler «mère» une religieuse est plutôt habituel. Mais cette appellation revêtait pour Mère Teresa une intensité particulière. Une mère se reconnaît par la capacité à se donner. Observer Mère Teresa dans ses traits, dans son attitude, dans sa façon d'être, aidait à comprendre ce que signifiait pour elle, au-delà de la dimension purement physique, le fait d'être mère; cela l'aidait à aller à la racine spirituelle de la maternité. Nous savons bien quel était son secret : elle était emplie du Christ, et c'est pourquoi elle regardait chacun avec les yeux et le cœur du Christ. Elle avait pris au sérieux ses paroles: «J'ai eu faim et vous m'avez donné à manger» (*Mt* 25, 35). C'est pourquoi elle n'avait aucun mal à «adopter» les pauvres comme ses fils. Son amour était concret, entreprenant; il la poussait là où peu de personnes avaient le courage d'arriver, là où la pauvreté était si grande qu'elle faisait peur. Il n'est pas étonnant que les hommes de notre temps aient été comme fascinés par elle. Elle a incarné l'amour que Jésus a indiqué comme signe distinctif pour ses disciples: « A ceci tous reconnaîtront que vous êtes mes disciples: si vous avez de l'amour les uns pour les autres »[92].

Des vies rayonnantes, comme celle de la bienheureuse Mère Thérèse de Calcutta ou celle de saint Jean-Paul II, montrent que le célibat, dans toute sa diversité, peut être un chemin de vie beau et convaincant.

Raisons et possibilités du célibat

96. Nous avons vu dans cette catéchèse, en citant saint Augustin, qu'avoir des enfants n'avait pas pour principale finalité de perpétuer l'espèce ou de bâtir la société civile, mais de combler la cité céleste de la joie d'une vie nouvelle. Cette distinction – entre le but naturel de la procréation et la vocation théologique à préparer le Royaume de Dieu dans toute sa floraison – permet à l'Église d'aller plus loin : pour accomplir sa destinée en tant qu'homme ou femme, toute personne peut porter du fruit mais tout le monde n'a pas besoin de se marier.

97. L'Église propose le mariage comme une vocation, une possibilité ; cela ne peut donc pas être une loi ou une exigence pour une vie catholique épanouie[93]. Il s'ensuit alors que le célibat doit exister dans la vie sociale de l'Église pour que le mariage soit une affaire de liberté et non de contrainte. Le célibat est l'alternative, s'il y a plus d'un chemin pour ordonner sa vie sexuelle, sa masculinité ou sa féminité, au ciel. « La famille est la vocation que Dieu a inscrite dans la nature de l'homme et de la femme, mais il y a une autre vocation complémentaire au mariage: l'appel au célibat et à la virginité pour le Royaume des cieux. C'est la vocation que Jésus lui-même a vécue »[94].

98. Le célibat et le mariage ne sont pas en compétition. De nouveau, comme l'enseignait saint Ambroise : « Nous ne louons pas l'une d'elles à l'exclusion des autres. C'est en quoi la discipline de l'Église est riche »[95]. Le célibat et le mariage sont des vocations complémentaires

parce qu'elles proclament toutes les deux que l'intimité conjugale ne peut pas être un essai[96]. Les célibataires comme les personnes mariées respectent la structure de l'amour de l'alliance et évitent les « essais » ou une intimité conditionnelle[97]. Le célibat comme le mariage refusent les relations sexuelles dans le contexte de ce que le Pape François appelle la « culture du rebus »[98]. Le célibat comme le mariage refusent les relations sexuelles qui ne reposent que sur un désir de satisfaction de l'*eros*.

99. Observer les exigences du célibat et du mariage sont les deux façons pour l'homme et la femme d'être solidaires l'un de l'autre en dehors de toute exploitation sexuelle. Le célibat et le mariage sont les deux seuls modes de vie qui portent à la conclusion que le mariage est la forme pleinement humaine de l'acte procréateur, à la lumière de l'image de Dieu qui demeure en nous et qui façonne notre vie. Le célibat, qui concerne pas seulement les prêtres et les religieux mais aussi tous ceux qui vivent la chasteté en dehors du mariage, est la forme de vie pour ceux qui ne sont pas mariés mais qui honorent l'alliance.

100. Tout ce qu'enseigne l'Église sur la personne créée pour la joie, créée à l'image de Dieu, sur le besoin d'aimer et d'être aimé, s'applique également aux célibataires et aux personnes mariées. Le célibat peut être confirmé et permanent, comme dans la vie religieuse, ou concerner des personnes incapables de se marier en raison d'un handicap ou des circonstances, ou il peut être potentiellement permanent, comme dans le cas d'une jeune personne qui discerne sa vocation. Dans tous ces cas, le célibat suit les pas de Jésus, s'épanouissant en s'offrant à Dieu et en lui faisant confiance, et construisant une vie fondée sur l'amour des autres dans la miséricorde, la patience, la générosité et le service.

101. Dans toute société, beaucoup seront marginalisés si l'on considère que le mariage est obligatoire, comme si l'on avait besoin d'un partenaire sentimental pour être complet. Le célibat dans l'Église rejette cette interprétation erronée. Par exemple, des veuves sont souvent mises à part dans des sociétés traditionnelles et, dans les villes mo-

dernes, les célibataires se rencontrent souvent dans des clubs, des pubs et des bars où la promiscuité paraît normale. La création d'espaces alternatifs, où les personnes non mariées peuvent faire l'expérience de la joie et avoir une mission, est une forme d'accueil importante, quelque chose que les chrétiens doivent pratiquer entre eux, un lieu de libération et de convivialité.

102. Certains, en raison de circonstances qui échappent à leur contrôle, désirent se marier mais ne parviennent pas à trouver un époux ou une épouse. Une vie d'espérance et d'attente ne signifie pas qu'ils sont abandonnés à une existence stérile. Les bénédictions peuvent abonder s'ils vivent dans une promptitude à faire la volonté de Dieu telle qu'elle se présente dans leur histoire personnelle, en redisant le *fiat* de Marie[99]. Puisque nous sommes tous appelés à aimer et à être aimés, puisque l'amour chrétien est tourné vers l'extérieur, le célibat se vit avec d'autres. Le fruit d'un amour chaste en dehors du mariage est l'amitié : « La vertu de chasteté s'épanouit dans l'*amitié*... La chasteté s'exprime notamment dans l'*amitié pour le prochain*. Développée entre personnes de même sexe ou de sexes différents, l'amitié représente un grand bien pour tous. Elle conduit à la communion spirituelle »[100].

103. Les célibataires et, dans une certaine mesure analogue bien que limitée, les couples infertiles, jouissent aussi d'une liberté unique, une liberté attirante qui permet un certain type de service, d'amitié et de communauté. Les célibataires et les couples sans enfants sont relativement plus disponibles pour faire des expériences de vie chaste en communauté, pour des carrières qui demandent une flexibilité, pour la prière et la contemplation. Les célibataires, les couples sans enfants et souvent les personnes âgées (peut-être lorsque leurs enfants ont grandi) peuvent donner leur temps d'une manière qui, en général, n'est pas possible aux parents. Ces personnes peuvent accomplir un travail catéchétique ou d'autres services en paroisse, ou même des apostolats et donner un témoignage dans des situations dangereuses qui seraient impossibles pour des familles avec des enfants. Les personnes

non mariées ou celles qui sont sans enfants ont une disponibilité qui leur donne d'une certaine façon un jugement et une créativité sur les possibilités d'accueil et d'amitié. Quand saint Paul conseille le célibat, il pense que cela offre une possibilité qui présente certains défis mais aussi des avantages et des libertés : « Si cependant tu te maries, tu ne pèches pas ; et si la jeune fille se marie, elle ne pèche pas. Mais ceux-là connaîtront la tribulation dans leur chair, et moi, je voudrais vous l'épargner. » (1 Co 2, 28).

L'alliance spirituelle et sociale entre le célibat et le mariage

104. Le Catéchisme de l'Église catholique affirme que « tous les fidèles du Christ sont appelés à mener une vie chaste selon leur état de vie particulier. Au moment de son baptême, le chrétien s'est engagé à conduire dans la chasteté son affectivité »[101]. Le célibat est donc allié au mariage, faisant intérieurement une offrande de soi au Seigneur. Les célibataires comme les personnes mariées offrent leur vie en réponse à l'alliance de Dieu selon leur vocation respective. Il y a des différences pratiques dans chaque vocation particulière individuelle, mais la motion intérieure de l'âme, l'offrande de soi, est fondamentalement la même. Les célibataires et les époux qui ont acquis une sagesse et une maturité sont familiers des mêmes dons spirituels.

105. Dans le cas du mariage, lorsque le mari et la femme se donnent l'un à l'autre, d'un amour qui imite celui de Jésus, le don qu'ils se font d'eux-mêmes participe à l'œuvre du Christ lorsqu'ils s'unissent dans un même esprit au don que Jésus fait de lui-même pour l'Église. Lorsque les époux échangent leurs consentements dans l'église au cours de la liturgie du mariage, le Christ reçoit leur amour nuptial et le fait participer au don eucharistique de lui-même pour l'Église et le Père qui, heureux du don de son Fils, donne l'Esprit-Saint aux époux pour sceller leur union[102]. Le premier fruit du mariage est le don et la tâche du lien sacramentel. C'est pour cette raison que saint Jean-Paul II a admirablement affirmé que le lien nuptial que les époux ont reçu pour qu'ils en jouissent et en vivent fait d'eux « le rappel permanent de ce qui est

advenu sur la croix. Ils sont l'un pour l'autre et pour leurs enfants des témoins du salut dont le sacrement les rend participants »[103].

106. Dans le cas du célibat, c'est le même raisonnement. L'amour du Christ est continent parce qu'il fait un don total de lui-même, une affirmation inconditionnelle de l'autre : « Que pourra donner l'homme en échange de sa propre vie ? » (Mt 16, 26). L'amour du Christ s'exprime dans son désir de partager tout ce qu'il est avec ses disciples (Lc 22, 15), de se donner pleinement à eux afin de les ramener tous au Père pour partager la gloire de Dieu[104]. L'amour marital, c'est la logique de l'alliance dans son dessein sur la procréation ; l'amour du célibat, c'est la logique de l'alliance vécue dans toute la communauté.

107. Puisque le mariage et le célibat sont des vocations complémentaires pour des catholiques adultes, il est important d'éduquer les jeunes à comprendre qu'avoir un partenaire sentimental n'est pas essentiel pour être heureux. Si le mariage reproduit l'alliance de Jésus avec nous, et si c'est cette alliance qui le rend possible, la vie des jeunes gens qui ne sont pas mariés peut être mieux comprise, non pas tant en termes de séduction ou de « rendez-vous amoureux », mais comme un temps pour discerner et cultiver des amitiés. Les expériences et les capacités à entretenir de vraies amitiés sont fondamentales, que ce soit pour la vie de mariage ou pour vivre le célibat en communauté. La question de la vocation telle que se la posent les adolescents et les jeunes aujourd'hui, doit dépasser le romantisme. Les jeunes ont besoin d'acquérir certaines aptitudes spirituelles intérieures quel que soit le futur qui les attend.

108. C'est pour cette raison que les paroisses doivent accorder un grand soin à la dimension sociale de la chasteté et du célibat. Le célibat impose des défis uniques et, comme le fait observer le Catéchisme de l'Église catholique, l'apprentissage de la maîtrise sexuelle de soi a un aspect culturel : nous sommes des personnes interdépendantes et la pratique de la chasteté peut être soit aidée soit empêchée par notre situation sociale[105]. Les jeunes imaginent pour leur vie ce que les exemples leur donnent à voir et les histoires qu'ils entendent.

109. Le célibat allant à l'encontre de la culture, il existe, même dans les paroisses, le risque qu'il ne soit pas compris. Les personnes célibataires « méritent donc affection et sollicitude empressée de l'Église et notamment des pasteurs »[106]. Il faut que les pasteurs, mais aussi les familles et les personnes célibataires elles-mêmes fassent des démarches concrètes pour faire en sorte qu'être « célibataire » dans un environnement catholique ne soit clairement pas synonyme d'être « seul » ou « isolé ». Les personnes célibataires ont besoin de relations amicales pour partager leurs poids et leurs peines, et de personnes fiables et disponibles pour leur rendre service. « À elles toutes il faut ouvrir les portes des foyers, « églises domestiques », et de la grande famille qu'est l'Église »[107].

110. Cette vision invite chacun à s'examiner pour voir quelle contribution il apporte à l'atmosphère et à la vie même de la paroisse. Si les parents découragent leurs enfants du sacerdoce, de la vie religieuse ou de toute autre vocation au célibat, c'est toute la communauté qui doit examiner sa conscience. Un célibat authentique est toujours riche sur le plan social et si le célibat n'est vu que comme une vie solitaire ou étrangère, quelque chose ne va pas dans la pratique ou dans la structure de la vie communautaire. Il faut que les célibataires prennent des initiatives pour servir et pour s'impliquer, et que les familles fassent des gestes pour être accueillantes, pour adopter des « oncles » et des « tantes » et soient ouvertes pour construire des foyers élargis ou des communautés d'intention.

111. Une vie sociale riche rend toutes les formes de célibat encore plus plausibles pour le monde parce qu'elle coupe court à la critique du célibat selon laquelle cette vie est forcément solitaire. Vivre cette vision, surmonter l'inertie des habitudes sociales qui isolent les célibataires et ignorent les opportunités du célibat, exige un engagement créatif tant de la part des laïcs que des prêtres. Jésus est notre Seigneur et le Seigneur dit : « À ceci tous reconnaîtront que vous êtes mes disciples : si vous avez de l'amour les uns pour les autres » (Jn 13, 35). L'amour devrait animer visiblement la vie de paroisse aux yeux de tous.

112. *Le célibat n'est pas stérile, et il n'est pas non plus « seul » au sens où il serait isolé ou autonome. Dans l'Église, nous sommes tous interdépendants, créés pour la communion, créés pour donner et recevoir de l'amour. Cette vision de la vie humaine génère une variété inépuisable de vocations créatives. Le célibat impose des exigences uniques à ceux qui l'embrassent, mais il représente aussi des privilèges et des chances uniques. Les célibataires respectent le potentiel sexuel et biologique du mariage et ils vivent le don de soi basé sur la même logique et la même spiritualité. Les célibataires et les couples mariés ont besoin les uns des autres pour soutenir et pour faire grandir la « famille des familles » qu'est l'Église.*

QUESTIONS POUR LA DISCUSSION

a) Qu'est-ce que le célibat et le mariage ont en commun ?

b) À quel genre d'épreuves ou de fardeaux les personnes non mariées sont-elles confrontées dans votre communauté ? Comment les amis, les familles et les paroisses peuvent-ils aider ? Citez des avantages du célibat. Comment les personnes non mariées peuvent-elles servir la communauté ?

c) Dans votre paroisse, est-ce que les enfants peuvent rencontrer une grande diversité de prêtres, moines, frères, religieuses ou d'autres sœurs ? Pouvez-vous imaginer comment présenter des exemples de célibat dans votre communauté ? Avez-vous déjà encouragé des enfants que vous connaissez à devenir prêtre ou religieux ? Pourquoi ?

d) Citez de bonnes raisons de choisir le mariage ou le célibat. Donnez quelques raisons qui ne sont pas bonnes. Comment doit-on discerner sa vocation ?

Jésus chez ses parents, John Everett Millais, 1863 / Collection privée / Bridgeman Images

VII. LUMIÈRE DANS UN MONDE DE TÉNÈBRES

Dans sa forme idéale, la famille est une école d'amour, de justice, de compassion, de pardon, de respect mutuel, de patience et d'humilité dans un monde obscurci par l'égoïsme et les conflits. Ainsi, la famille enseigne ce que signifie être humain. Cependant, de nombreuses tentations surgissent et risquent de nous séduire en nous faisant oublier que l'homme et la femme sont créés pour l'alliance et la communion. Par exemple, la pauvreté, la richesse, la pornographie, la contraception, des erreurs philosophiques ou intellectuelles peuvent créer des contextes qui mettent au défi ou qui menacent une saine vie de famille. L'Église résiste à cela afin de protéger la famille.

Les effets de la chute

113. Nous sommes des créatures déchues. Nous n'aimons pas toujours comme nous le devrions. Mais si nous reconnaissons et nommons nos péchés, nous pouvons nous en repentir.

114. Nous voyons des preuves de notre chute dans nos actions de tous les jours, dans notre cœur partagé et dans les obstacles à la vertu que l'on rencontre si fréquemment dans le monde. Le « régime du péché » se fait « aussi sentir dans les relations entre l'homme et la femme. De tout temps, leur union a été menacée par la discorde, l'esprit de domination, l'infidélité, la jalousie et par des conflits qui peuvent aller jusqu'à la haine et la rupture. Ce désordre peut se manifester de façon plus ou moins aiguë, et il peut être plus ou moins surmonté, selon les

cultures, les époques, les individus, mais il semble bien avoir un caractère universel »[108].

115. Le Document préparatoire pour le Synode extraordinaire des évêques de 2014 sur « Les défis pastoraux pour la famille dans le contexte de l'évangélisation » mentionne un grand nombre de problèmes globaux :

> Parmi les nombreuses situations nouvelles qui réclament l'attention et l'engagement pastoral de l'Église, il suffira de rappeler: les mariages mixtes ou interreligieux; les familles monoparentales; la polygamie; les mariages arrangés avec le problème de la dot qui en découle, parfois assimilée à un montant d'acquisition de la femme; le système des castes; la culture du non-engagement et de la présupposée instabilité du lien; les formes de féminisme hostiles à l'Église; les phénomènes migratoires et la reformulation de l'idée même de famille; le pluralisme relativiste dans la conception du mariage; l'influence des médias sur la culture populaire pour la conception des noces et de la vie familiale; les courants de pensée qui inspirent les propositions législatives qui dévaluent la permanence et la fidélité du pacte matrimonial; l'expansion du phénomène des mères porteuses (location d'utérus); les nouvelles interprétations des droits humains[109].

Questions et contextes économiques

116. La pauvreté et les difficultés économiques minent le mariage et la vie de famille dans le monde. Un jour, lors de l'angelus sur la Place Saint-Pierre, remarquant un panneau dans la foule, le Pape François a déclaré :

> Je lis là, écrit en grand : « Les pauvres ne peuvent pas attendre ». C'est beau ! Et cela me fait penser que Jésus est né dans une étable, il n'est pas né dans une maison. Après, il a dû

fuir, aller en Égypte pour sauver sa vie. À la fin, il est revenu chez lui, à Nazareth. Et je pense aujourd'hui, également en lisant cette inscription, aux nombreuses familles qui n'ont pas de toit, que ce soit parce qu'elle ne l'ont jamais eu ou parce qu'elle l'ont perdu pour de nombreuses raisons. Famille et maison vont de pair. Il est très difficile de mener de l'avant une famille sans habiter dans une maison. En ces jours de Noël, j'invite chacun — personnes, organismes sociaux, autorités — à faire tout leur possible pour que chaque famille puisse avoir une maison[110].

117. En même temps, les données des sciences sociales montrent que les mariages et les familles stables aident à *surmonter* la pauvreté, exactement comme la pauvreté agit *contre* la stabilité des mariages et des familles. Les mariages et les familles solides créent de l'espoir, et l'espoir mène vers un but et à un accomplissement. Ces données suggèrent combien une foi chrétienne vigoureuse a des conséquences pratiques autant que spirituelles. Aider les familles à briser les cercles vicieux pour les transformer en cercles vertueux est une des raisons pour lesquelles l'Église accorde de l'importance aux circonstances économiques de nos vies autant qu'à leurs conditions spirituelles.

118. Dans sa dernière encyclique, *Caritas in Veritate*, le Pape Benoît XVI insiste sur « les liens forts qui existent entre éthique de la vie et éthique sociale »[111]. Il faisait observer que « la famille a besoin de logement, de travail et d'une juste reconnaissance de l'activité domestique des parents, de l'école pour les enfants, de l'assistance médicale de base pour tous »[112]. Jésus-Christ prend soin de la personne tout entière ; lui-même n'a pas été étranger à la pauvreté, étant issu d'une famille qui a connu la condition de réfugiés[113]; maintenant, il invite son Église à se montrer solidaire des familles qui sont dans des situations similaires[114].

119. En d'autres termes, si nous disons que nous nous soucions des familles, nous devons nous soucier des pauvres. Si nous nous soucions des pauvres, nous servirons les familles.

120. L'économie mondiale hyper-capitaliste actuelle nuit aussi aux classes moyennes et aux populations aisées. Par exemple, la culture de masse transforme le sexe en marchandise. Le marketing d'entreprise crée un appétit insatiable de nouvelles expériences, un climat de vagabondage et de désir perpétuellement insatisfait. La vie dans une culture de marché devient un combat contre la cacophonie des distractions, du bruit et de la faim inassouvie, ce qui perturbe la stabilité de la famille et alimente le sentiment que tout est un droit. La vie sur une place de marché nous pousse à croire que si nous désirons quelque chose, si c'est admis et si nous pouvons nous l'offrir financièrement, nous y avons droit. Ce sentiment d'un besoin légitime est une illusion destructrice, une forme d'esclavage qui nous enchaîne à nos appétits ; il diminue notre liberté de vivre dans la vertu. Nous échouons à accepter nos limites et notre obstination à suivre nos appétits alimente bon nombre de problèmes spirituels et matériels dans notre monde actuel.

Pourquoi la pornographie et la masturbation sont mauvaises

121. Faire du sexe une marchandise revient toujours à faire de la personne une marchandise. La pornographie, souvent liée à la cruauté de la traite humaine et nourrie par celle-ci, est maintenant pandémique, non seulement parmi les hommes, mais de plus en plus aussi chez les femmes. Cette industrie mondiale lucrative peut envahir n'importe quel foyer par le biais de l'ordinateur ou de la télévision câblée. La pornographie forme ses consommateurs à l'égoïsme et leur enseigne à voir les autres comme des objets pour satisfaire leurs appétits.

122. Pour chacun de nous, l'apprentissage de la patience, de la générosité, de la tolérance, de la magnanimité et des autres aspects d'un amour cruciforme est assez difficile. La pornographie rend encore plus difficile le don de soi aux autres et à l'alliance de Dieu, même pour l'utilisateur occasionnel. La masturbation est mauvaise pour des raisons analogues. Lorsqu'une personne « apprécie » ou justifie l'usage de la pornographie ou de la masturbation, elle diminue sa capacité à renoncer à elle-même, à assumer sa sexualité et à vivre une véritable

intimité avec son époux ou son épouse. Il n'est pas étonnant que la pornographie ait une grande part dans de nombreux mariages brisés aujourd'hui. La pornographie et la masturbation peuvent aussi attaquer la vocation de personnes célibataires précisément parce qu'on peut les considérer de l'ordre du privé.

Pourquoi la contraception est mauvaise

123. De la même façon, la contraception nous pousse aussi à considérer le désir sexuel comme un droit. Elle permet aux utilisateurs de trouver de bonnes excuses à leur désir d'intimité sexuelle. En séparant la procréation de la communion, la contraception obscurcit et finalement sape les arguments du mariage.

124. Les couples mariés qui pratiquent la contraception le font avec de bonnes intentions. De nombreux couples mariés expérimentent et croient que le recours à la contraception est essentiel pour que leur mariage tienne ou que c'est inoffensif et que cela ne fait pas de victimes. Beaucoup de couples mariés sont si habitués à la contraception que l'enseignement de l'Église leur semble choquant.

125. Mais si un couple marié cherche réellement la liberté intérieure, le don de soi mutuel et l'amour qui se sacrifie pour l'autre, comme l'alliance de Dieu nous y invite tous, on imagine difficilement en quoi la contraception est nécessaire et essentielle. L'Église croit que l'attachement à la contraception repose sur des mythes à propos du mariage, qui ne sont pas vrais. Comme l'a expliqué le Pape Pie XII :

> Certains voudraient soutenir que la félicité dans le mariage est en raison directe de la jouissance réciproque dans les rapports conjugaux. Non ; le bonheur dans le mariage est, au contraire, en raison directe du respect mutuel entre les époux, même dans leurs relations intimes[115].

126. En d'autres termes, considérer la contraception comme nécessaire ou même utile repose sur un principe erroné. À sa racine, un mariage heureux – celui qui dure une vie entière – a davantage en commun avec la générosité, la patience, le don de soi du célibat que ce que Pie XII a appelé « un hédonisme raffiné »[116]. Récemment, prenant en exemple la Sainte Famille, le Pape François y relevait les qualités de générosité et de liberté intérieure qui permettent un bon mariage :

> Joseph était un homme qui écoutait toujours la voix de Dieu, profondément sensible à sa volonté secrète, un homme attentif aux messages qui lui parvenaient du plus profond de son cœur et d'en-haut. Il ne s'est pas obstiné à suivre son projet de vie, il n'a pas laissé la rancœur empoisonner son esprit, mais il a été prêt à se mettre à la disposition de la nouveauté qui lui était présentée d'une façon déconcertante. C'est ainsi, il était un homme bon. Il n'avait pas de haine, et il n'a pas permis que la rancœur empoisonne son âme !... Et c'est ainsi que Joseph est devenu encore plus libre et encore plus grand. En s'acceptant selon le dessein du Seigneur, Joseph se trouve pleinement lui-même, au-delà de lui-même. Sa liberté de renoncer à ce qui lui appartient... et sa pleine disponibilité intérieure à la volonté de Dieu nous interpellent et nous montrent le chemin[117].

127. La contraception obscurcit la liberté et la force intérieure. Dans la mesure où l'on considère que le désir sexuel est un droit, ou que ce désir ne peut jamais être reporté, le besoin de grandir dans la liberté intérieure est manifeste. Vue comme une « solution technique » à ce qui est en fait un problème moral, la contraception « cache en réalité la question de fond, qui concerne le sens de la sexualité humaine et la nécessité d'une maîtrise responsable, pour que son exercice puisse devenir une expression d'amour personnel »[118].

Les avantages de la planification familiale naturelle

128. Il est certain que des « parents responsables » doivent discerner le moment d'avoir des enfants. Des raisons sérieuses, liés à des « conditions physiques, économiques, psychologiques et sociales » peuvent conduire le mari et la femme à « la décision… d'éviter temporairement ou même pour un temps indéterminé une nouvelle naissance »[119].

129. Le mari et la femme catholiques qui se trouvent dans cette situation ont besoin d'enseignants, de guides et d'amis pour les former à la planification familiale naturelle (PFN) et les soutenir. Les paroisses et les diocèses devraient faire de cette aide une priorité pastorale et facilement accessible. Il est bien plus probable qu'un couple vivra réellement l'enseignement de l'Église catholique s'il bénéficie d'une direction spirituelle, d'instructions pratiques et d'amis qui le soutiennent. Les laïcs, les prêtres et les évêques ont tous la responsabilité de créer des conditions qui le favorisent.

130. Si un couple d'époux mariés, avec un cœur généreux et après avoir mûrement prié et réfléchi, discerne que Dieu ne les appelle pas à avoir d'autres enfants pour le moment, alors la PFN nécessitera d'eux qu'ils s'abstiennent de temps en temps d'avoir des unions conjugales. En pratiquant ainsi la PFN, les époux subordonnent, ou offrent leur désir d'union à court terme, à un appel plus grand de Dieu pour leur vie. Cette subordination de leur volonté et de leur désir est l'un des nombreux points sur lesquels la PFN et la contraception diffèrent tant, à la fois objectivement et expérimentalement. La PFN est un chemin pour suivre le Seigneur dans le mariage, un chemin intime et exigeant, et donc potentiellement beau et enrichissant.

131. La PFN se fonde sur la beauté et la nécessité de l'intimité conjugale des époux. Parce qu'elle repose aussi sur l'abstinence occasionnelle dans le but d'espacer les naissances, la PFN exige des couples communication et maîtrise de soi. Comme le lien du mariage, la PFN façonne et discipline le désir d'union. L'idée même de monogamie présuppose

que l'homme et la femme sexués et déchus peuvent patiemment disci-
pliner des désirs de vagabondage et apprendre à traiter leur époux ou
leur épouse avec générosité et fidélité. Ainsi, cette abstinence pério-
dique nécessitée par la PFN permet d'approfondir et d'explorer un engagement que les personnes mariées ont déjà pris. La PFN ne garantit
pas un mariage heureux et ne soustrait pas le mariage aux souffrances
ordinaires de tout mariage mais c'est une tentative pour construire un
foyer sur le roc et pas sur le sable.

La contraception sème encore plus la confusion sur le mariage dans la société

132. Comme l'avait prédit l'Église il y a presque cinquante ans, non
seulement la contraception sape le mariage, mais elle a d'autres effets
secondaires dans la société.[120] L'omniprésence de la contraception signifie que très peu de personnes ont l'habitude de l'abstinence et de
la maîtrise de soi dans la vie conjugale. Ainsi, la contraception rend le
célibat encore moins plausible aux yeux du monde moderne, faisant
du mariage et de toute autre forme de vie en couple quelque chose de
virtuellement inévitable. Lorsqu'on en arrive là, toute la vie sociale
d'une communauté est faussée. Dans la mesure où la contraception
vide le célibat de son caractère plausible, elle contribue à la pénurie de
jeunes prêtres et de religieux. La contraception fait aussi que les relations sexuelles en dehors du mariage (qu'elles soient avant le mariage
ou extra-maritales) semblent en apparence plus plausibles, comme si
la relation sexuelle pouvait exister sans conséquences. Bien sûr, un
bon nombre de ces arguments en faveur des unions sans enfant, qui
cherchent à justifier la contraception, s'applique aussi bien, mais avec
des conséquences pires et plus brutales encore, à l'avortement.

133. En séparant l'union conjugale de la procréation, la contraception
encourage une culture du mariage à l'essai dans une cohabitation basée
sur l'émotion et sur l'*eros*. Ce point de vue réductionniste et désordon-
né alimente beaucoup de la confusion actuelle sur ce qui est réellement
le mariage, rendant le divorce plus probable et plus commun, comme si

le mariage était un contrat qui peut être rompu et renégocié. Le Pape
François écrit :

> La famille traverse une crise culturelle profonde, comme
> toutes les communautés et les liens sociaux... Le mariage tend
> à être vu comme une simple forme de gratification affective
> qui peut se constituer de n'importe quelle façon et se modifier
> selon la sensibilité de chacun. Mais la contribution indispen-
> sable du mariage à la société dépasse le niveau de l'émotivité
> et des nécessités contingentes du couple. Comme l'enseignent
> les évêques français, elle ne naît pas « du sentiment amoureux,
> par définition éphémère, mais de la profondeur de l'engage-
> ment pris par les époux qui acceptent d'entrer dans une union
> de vie totale »[121].

Pourquoi l'Église ne reconnaît pas les prétendus mariages entre personnes du même sexe

134. Le mariage à l'essai pour satisfaire l'*eros* ou les émotions, une évolution facilitée par la séparation de l'union conjugale et de la procréation, conduit à l'hypothèse des unions entre personnes du même sexe.
Dans certains pays aujourd'hui, il existe des mouvements qui veulent
redéfinir le mariage comme s'il s'agissait de n'importe quelle relation
forte, affective ou sexuelle, entre adultes consentants. Là où le divorce
et la contraception sont des habitudes établies et où ce point de vue ré-
visé du mariage s'est enraciné, la redéfinition du mariage pour y inclure
celui entre personnes du même sexe peut sembler une nouvelle étape
plausible.

135. Respectant l'hypothèse du mariage entre personnes du même
sexe, comme on le sait, l'Église refuse de le bénir ou de le sanctionner.
Ce n'est pas qu'elle dénigre ni qu'elle soit incapable d'apprécier l'intensité de l'amitié ou de l'amour entre personnes du même sexe. Il doit
être clair, à ce point de la catéchèse, que l'Église catholique considère
que nous sommes tous appelés à donner ou à recevoir de l'amour. Des

amitiés chastes entre personnes du même sexe, dévouées et capables de se sacrifier, sont dignes d'estime. Les catholiques s'engageant à aimer et à pratiquer l'hospitalité, à vivre l'interdépendance et à « porter les fardeaux les uns des autres »[122], l'Église s'efforcera à tous les niveaux d'alimenter et de soutenir les occasions d'amitiés chastes, recherchant toujours la solidarité avec ceux qui, quelle qu'en soit la raison, ne peuvent pas se marier.

136 La véritable amitié est une vocation ancienne et honorable. Saint Aelred de Rievaulx observait que le désir d'avoir un ami vient du fond de l'âme[123]. Les vrais amis produisent un « fruit » et une « douceur » car ils s'aident mutuellement à répondre à Dieu, en s'encourageant à vivre l'Évangile[124]. « Développée entre personnes de même sexe ou de sexes différents, l'amitié représente un grand bien pour tous. Elle conduit à la communion spirituelle »[125].

137. Mais, et cela devrait être plus clair maintenant, quand les catholiques parlent du mariage, ils se réfèrent à quelque chose qui est distinct des autres relations marquées par un amour particulièrement intense, même si cet amour est profond et vit des sacrifices pendant longtemps. Une intimité affective intense sur le long terme n'est pas suffisante pour le mariage. Le mariage, comme cela était universellement reconnu en Occident jusqu'à très récemment, s'appuie sur les obligations découlant des possibilités et des défis posés par le potentiel procréateur du dimorphisme sexuel.

138. L'Église invite tous les hommes et toutes les femmes à voir dans leur sexualité la possibilité d'une vocation. Atteindre la maturité comme homme ou comme femme signifie accepter de se poser certaines questions sur soi-même : Comment Dieu m'appelle-t-il à intégrer ma sexualité dans son dessein pour ma vie ? Créée à l'image de Dieu, notre destinée est toujours communion, sacrifice, service et amour. La question pour chacun d'entre nous est de savoir comment nous donner avec notre spécificité sexuelle dans le mariage ou dans une vie de célibat en communauté. En aucun cas, le désir de notre *eros* ou notre préfé-

rence sentimentale ne doit être souverain ou autonome ; dans les deux cas, nous serons inévitablement invités à faire des sacrifices que nous ne choisirions pas si nous écrivions nous-mêmes notre propre histoire.

Le cadre philosophique, juridique et politique du mariage aujourd'hui

139. Les débats sur la redéfinition du mariage, y compris les questions sur le mariage entre personnes du même sexe, soulèvent des questions juridiques et politiques. En théorie politique et en théologie, les catholiques parlent de la famille comme d'une institution pré-politique[126]. Pour le dire autrement, la famille est légalement « antécédente » à la société civile, à la communauté et à l'État politique, puisque la famille a « une priorité logique et une priorité réelle »[127]. La société n'invente et ne fonde pas la famille ; au contraire, la famille est le fondement de la société : « Ainsi la famille, lieu de rencontre de plusieurs générations qui s'aident mutuellement à acquérir une sagesse plus étendue et à harmoniser les droits des personnes avec les autres exigences de la vie sociale, constitue-t-elle le fondement de la société »[128]. L'autorité publique a donc le devoir de protéger et de servir la famille.

140. Encore récemment, ce point de vue sur la famille était aussi largement accepté par les non catholiques. La Déclaration universelle des droits de l'homme des Nations-Unies, de 1948, souligne que « la famille est l'élément naturel et fondamental de la société et a droit à la protection de la société et de l'État »[129]. Mais dans la mesure où plusieurs juridictions ré-imaginent le mariage comme une affaire de préférence individuelle, laissant tomber tout lien organique avec la différence sexuelle et la procréation, et encourageant une vision contractuelle du mariage, ce consensus a disparu. Aujourd'hui, l'État prétend de plus en plus inventer le mariage et le redéfinir à son gré[130]. La famille n'est plus censée construire la société et l'État ; c'est plutôt l'État qui prétend encadrer et autoriser la famille.

141. Certains législateurs essaient maintenant de codifier ce revirement philosophique dans de nouvelles lois sur le mariage. Au lieu d'accueillir le mariage comme une institution fondée sur la nature, cette nouvelle perspective considère le mariage comme quelque chose d'infiniment plastique, subordonné et malléable au gré de la politique. L'Église n'a pas d'autre choix que de résister à ce révisionnisme par souci de protéger les familles, le mariage et les enfants.

142. Une société qui se trompe en pensant que le mariage est toujours renégociable et qu'il n'a de comptes à rendre qu'à un assentiment humain autoréférentiel, verra le mariage essentiellement comme un contrat, comme un accord volontaire entre des détenteurs autonomes de droits individuels. Mais ces simples contrats ne sont pas la même chose qu'un mariage fondé sur une alliance de miséricorde. La logique de ces contrats n'est pas celle de saint Paul dans Éphésiens 5, où le mari et la femme s'aiment mutuellement selon la Croix. Le raisonnement qui sous-tend ces contrats défectueux est en contradiction avec le don qui est le mariage, comme sacrement de l'alliance.

143. L'Église est obligée de résister à la propagation de faux arguments en faveur du mariage. Le Pape François fait observer que :

> En bien des occasions, elle a servi de médiatrice pour favoriser la solution de problèmes qui concernent la paix, la concorde, l'environnement, la défense de la vie, les droits humains et civils, etc. Et combien est grande la contribution des écoles et des universités catholiques dans le monde entier ! Qu'il en soit ainsi est très positif. Mais quand nous mettons sur le tapis d'autres questions qui suscitent un moindre accueil public, il nous coûte de montrer que nous le faisons par fidélité aux mêmes convictions sur la dignité de la personne humaine et sur le bien commun[131].

144. Comme nous l'avons dit au début de cette catéchèse, tout l'enseignement de l'Église sur le mariage, la famille et la sexualité découle de

Jésus. La théologie morale catholique est un récit cohérent qui satisfait les questions les plus profondes de l'humanité – un unique récit unifié découlant de convictions chrétiennes fondamentales sur la création et l'alliance de Dieu, la chute de l'humanité et l'incarnation, la vie, la crucifixion et la résurrection du Christ. Ces enseignements supposent un coût et des souffrances pour tous ceux qui veulent être disciples de Jésus, mais ils ouvrent aussi de nouvelles opportunités de beauté et d'épanouissement humain.

145. Quand la vraie nature du mariage est compromise ou mal comprise, la famille est affaiblie. Quand la famille est faible, nous sommes tous enclins à une forme d'individualisme brutal. Nous perdons trop facilement l'habitude de la douceur du Christ et des exigences de son alliance. Quand la famille est forte, quand la famille crée un espace pour que le mari, la femme et les enfants pratiquent l'art du don de soi, selon le modèle de l'alliance de Dieu, la lumière entre dans nos ténèbres. Cette lumière révèle la vraie nature de l'humanité. C'est pour cela que l'Église résiste aux ombres qui menacent la famille.

146. *Nous sommes tous déchus. Le désordre présent dans tous les cœurs humains a un contexte social et des conséquences dans la société. La communion pour laquelle nous avons été créés est menacée par nos désirs désordonnés, nos situations économiques, la pornographie, la contraception, le divorce, la confusion juridique ou intellectuelle. Mais l'amour est notre mission, et l'Église cherche une vie sociale alternative, une communauté fondée sur la miséricorde, la générosité, la liberté et la fidélité de Jésus. Les nombreux ministères de l'Église promeuvent la culture de la vie, come l'aide aux pauvres, le soutien apporté à la planification naturelle des naissances, ou l'articulation d'une philosophie plus cohérente pour le droit. Quand les catholiques résistent au divorce ou au mariage entre personnes du même sexe, ou à des révisions confuses du droit du mariage, nous prenons aussi la responsabilité de la promotion de communautés de soutien et d'amour.*

QUESTIONS POUR LA DISCUSSION ————————

a) Expliquez le lien entre le souci de l'Église pour les pauvres et l'enseignement de l'Église sur la sexualité et la chasteté.

b) Quelle est la différence entre la contraception et la planification familiale naturelle ?

c) Quel est le dénominateur commun entre le divorce, la contraception et le mariage entre personnes du même sexe ?

d) Quels sont les défis de la chasteté dans votre communauté et où pourrait aller une personne de votre paroisse pour se former dans la perspective de l'Église ? Comment votre paroisse peut-elle soutenir les personnes qui veulent vivre selon l'enseignement de l'Église ?

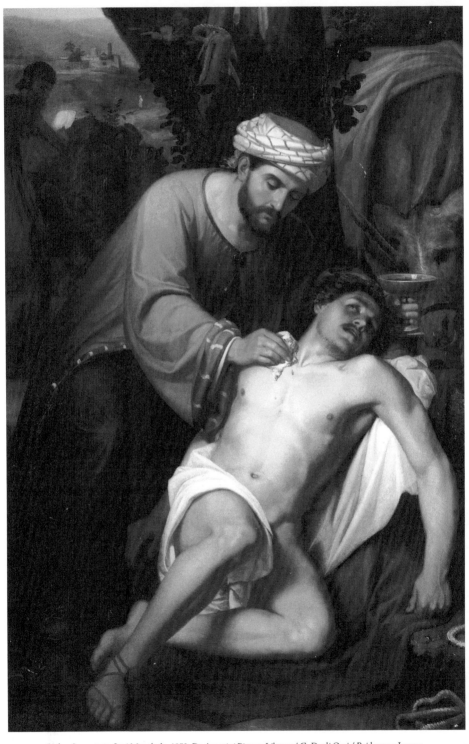

Le bon Samaritain, José Manchola, 1852, De Agostini Picture Library / G. Dagli Orti / Bridgeman Images

VIII. UN FOYER POUR LE CŒUR BLESSÉ

Beaucoup, surtout aujourd'hui, sont confrontés à des situations doulou-reuses qui résultent de la pauvreté, du handicap, de la maladie est des dé-pendances, du chômage et de la solitude à un âge avancé. Mais le divorce et l'attrait entre personnes du même sexe ont un impact, différent mais très puissant, sur la vie de famille. Les familles chrétiennes et des réseaux de familles devraient être source de miséricorde, de sécurité, d'amitié et de soutien pour ceux qui se débattent avec ces problèmes.

Entendre les paroles dures de Jésus

147. En accueillant la Sainte Famille dans le temple, Siméon déclare que l'enfant Jésus est destiné à être « un signe de contradiction » (Lc 2,34). Les Évangiles montrent la vérité de ces paroles à travers la réac-tion des contemporains de Jésus à son ministère. Jésus choque même beaucoup de ses disciples[132]. Une des raisons se trouve dans ses « pa-roles dures ».

148. Certaines des paroles dures du Christ concernent le mariage, le désir sexuel et la famille. L'enseignement de Jésus sur l'indissolu-bilité du mariage choque non seulement les pharisiens mais aussi ses propres disciples : « Les disciples lui disent : « Si telle est la condition de l'homme envers la femme, il n'est pas expédient de se marier » (Mt 19, 10). Dans le sermon sur la montagne, Jésus non seulement appro-fondit l'enseignement du Décalogue, mais, étant le nouveau Moïse, il invite ses disciples à une transformation radicale du cœur : « Vous avez

entendu qu'il a été dit : Tu ne commettras pas l'adultère. Eh bien ! moi je vous dis : Quiconque regarde une femme pour la désirer a déjà commis, dans son cœur, l'adultère avec elle » (Mt 5, 27-28).

149. Les disciples du Seigneur forment une nouvelle famille messianique qui transcende les relations familiales traditionnelles et prennent la priorité sur celles-ci[133]. Pour les adeptes du Christ, l'eau du baptême est plus épaisse que le sang. L'alliance du Seigneur donne un nouveau contexte pour comprendre notre corps et nos relations.

150. L'Église poursuit la mission de Jésus dans le monde. « Celui qui vous écoute, m'écoute », dit Jésus aux disciples qu'il envoie en son nom (Lc 10,16). Les évêques, en communion avec le Saint-Père, succèdent aux apôtres dans leur ministère[134]. Personne ne devrait donc être surpris que certains des enseignements de l'Église soient aussi perçus comme « des paroles dures », qui ne sont pas en phase avec la culture actuelle en particulier sur le mariage, la vie sexuelle et la famille.

L'Église est un hôpital de campagne

151. Pour comprendre correctement le ministère d'enseignement de l'Église, il faut que nous considérions sa nature pastorale. Le Pape François a un jour comparé l'Église à « un hôpital de campagne après une bataille ». Il a dit : « Il est inutile de demander à un blessé grave s'il a du cholestérol et un taux de glycémie trop élevé ! Nous devons soigner les blessures. Ensuite nous pourrons parler de tout le reste. Soigner les blessures, soigner les blessures… Et il faut commencer par le bas »[135].

152. La sexualité est particulièrement vulnérable à de telles blessures. Des hommes, des femmes, des enfants peuvent être blessés par des comportements de promiscuité sexuelle (le leur, ou celui des autres), la pornographie et d'autres façons de « chosifier » la personne comme le viol, la prostitution, la traite humaine, le divorce et la peur de l'engagement, qui sont le fruit d'une culture de plus en plus opposée au mariage[136]. C'est parce que la famille forme profondément ses membres, y

compris la « généalogie de la personne » sur les plans biologique, social et relationnel, que des relations brisées au sein de la famille laissent des blessures douloureuses et amères[137].

153. Le Pape François nous aide à voir dans les « paroles dures » de l'Église des mots pour notre guérison. Mais nous devons décider de faire une sorte de tri, en traitant les blessures selon leur gravité.

154. Les Évangiles sont remplis de récits des guérisons de Jésus. Le Christ médecin est une image fréquente dans l'œuvre de saint Augustin. Dans une homélie de Pâques, il écrit : « Le Seigneur [comme] un médecin expérimenté, savait mieux ce qui se passait dans l'homme malade que ne le savait le malade lui-même. Les médecins traitent les maladies des corps, ce que le Seigneur peut aussi faire pour les maladies des âmes »[138]. Commentant la parabole du bon Samaritain, Augustin voit l'Église comme l'auberge dans laquelle est conduit le voyageur blessé pour qu'il se rétablisse : « Nous sommes malades, appelons le médecin; faisons-nous porter à l'hôtellerie pour être guéris… Donc, mes frères, l'Église est, en cette vie, l'hôtellerie du voyageur, puisque les infirmes y trouvent leur guérison »[139].

155. Dans l'Église, la première priorité est de conduire les personnes à une rencontre avec le divin médecin. Toute rencontre avec le Christ apporte la guérison à l'humanité blessée et le Saint-Esprit peut toujours être invité dans nos cœurs pour permettre le repentir et la conversion. Ainsi les mots du Pape François : « J'invite chaque chrétien, en quelque lieu et situation où il se trouve, à renouveler aujourd'hui même sa rencontre personnelle avec Jésus Christ ou, au moins, à prendre la décision de se laisser rencontrer par lui, de le chercher chaque jour sans cesse. Il n'y a pas de motif pour lequel quelqu'un puisse penser que cette invitation n'est pas pour lui, parce que « personne n'est exclu de la joie que nous apporte le Seigneur »[140].

156. Quand le Pape François insistait sur la rencontre personnelle avec Jésus, il réaffirmait ce qu'avaient dit ses prédécesseurs. Le Pape Benoît

XVI écrivait en effet : « À l'origine du fait d'être chrétien, il n'y a pas une décision éthique ou une grande idée, mais la rencontre avec un événement, avec une personne, qui donne à la vie un nouvel horizon et par là son orientation décisive »[141]. Et le Pape Jean-Paul II avait insisté : « *Pour que les hommes puissent vivre cette « rencontre » avec le Christ, Dieu a voulu son Église.* En effet, « l'Église désire servir cet objectif unique : que tout homme puisse retrouver le Christ, afin que le Christ puisse parcourir la route de l'existence, en compagnie de chacun »[142].

157. La nouvelle évangélisation peut être comprise comme le fait de ramener les blessés du champ de bataille du monde, à la rencontre du divin médecin qui donne la guérison à l'intérieur de l'Église. Pour le Pape François, le défi pour être une « Église missionnaire » ou « une Église qui sort » réside dans cette tâche[143].

Avec sa patience et son pardon, l'Église nous aide à guérir et à grandir

158. Au sein de l'Église, le pouvoir de guérison de la grâce de Dieu est communiqué par le Saint-Esprit. Le Saint-Esprit rend Jésus présent dans l'office liturgique de l'Église, dans sa lecture priante de l'Écriture à la lumière de la tradition sacrée, et dans son ministère d'enseignement qui est au service de la Parole de Dieu[144]. Le Christ médecin est particulièrement présent dans les sacrements de la réconciliation et de l'onction des malades, qui sont les deux sacrements de la guérison[145].

159. La participation à la vie sacramentelle, la vie de prière, la pratique de la charité et d'exercices spirituels, la fiabilité et le soutien d'amis au sein de l'Église offrent un chemin de conversion au chrétien malade mais en voie de guérison. Toutefois, la conversion ne se fait pas en un instant. C'est un appel constant pour tous les membres de l'Église : « L'appel du Christ à la conversion continue de retentir dans la vie des chrétiens. Cette *seconde conversion* est une tâche ininterrompue pour toute l'Église qui « enferme des pécheurs dans son propre sein » et

qui « est donc à la fois sainte et appelée à se purifier, et qui poursuit constamment son effort de pénitence et de renouvellement »[146].

160. La nature progressive de la conversion façonne notre capacité à comprendre et à vivre les enseignements de l'Église. Au sujet de la progression morale des chrétiens mariés, le Pape Jean-Paul II distinguait entre « la loi de la gradualité » et la « gradualité de la loi »[147]. La « loi de la gradualité » fait allusion à la nature progressive de la conversion. En se relevant des blessures du péché, les chrétiens grandissent dans la sainteté dans tous les aspects de leur vie, y compris leur sexualité. Lorsqu'ils chutent, ils ont besoin de revenir à la miséricorde de Dieu qui s'offre à eux dans les sacrements de l'Église.

161. La « gradualité de la loi », d'autre part, est l'idée erronée selon laquelle il existerait « des degrés et des formes de préceptes différents selon les personnes et les situations diverses»[148]. Par exemple, certains argumentent à tort que les couples mariés qui trouvent trop lourds les enseignements de l'Église catholique devraient être encouragés à suivre leur conscience par rapport au choix de la contraception. C'est une forme erronée de la gradualité. En fait, cela masque une forme de paternalisme, qui nie la capacité de certains membres de l'Église à répondre à la plénitude de l'amour de Dieu et vise à « baisser la barre », pour eux, de l'enseignement moral chrétien.

162. Dans l'esprit d'une véritable gradualité, le Pape François a récemment vanté le courage de son prédécesseur Paul VI dans son encyclique *Humanae Vitae*. Le Pape François disait qu'en résistant à la pression sociale croissante en faveur de la régulation des naissances, « son génie a été prophétique, il a eu le courage de se positionner contre la majorité, de défendre la discipline morale, d'exercer un frein culturel, de s'opposer au néo-malthusianisme présent et à venir »[149].

163. Mais en même temps, le Pape François notait que Paul VI disait aux confesseurs d'interpréter son encyclique avec « une grande miséricorde, une attention aux situations concrètes... La question n'est pas

de changer la doctrine, mais d'aller en profondeur et de faire en sorte que la pastorale tienne compte des situations et de ce qui est possible pour les personnes »[150]. C'est pourquoi l'Église invite ses membres à la plénitude de la vérité, et elle les encourage à faire appel à la miséricorde de Dieu au fur et à mesure qu'ils grandissent dans leur capacité à vivre cette vérité.

L'enseignement catholique dépend de la communauté catholique

164. Une grande partie de l'enseignement moral de l'Église, et donc l'éthique catholique, est exigeante. Mais il suppose chez le chrétien un esprit de disciple, une vie de prière et un engagement à donner un témoignage chrétien sur le plan social et économique. Par dessus tout, il suppose une vie dans une communauté chrétienne, c'est-à-dire une famille d'hommes et de femmes qui ont rencontré Jésus, qui confessent ensemble qu'il est le Seigneur, désirant que leur vie soit modelée par sa grâce et se soutenant mutuellement pour y répondre.

165. L'enseignement catholique sur l'homosexualité doit être compris dans cette lumière. Le même enseignement qui appelle les personnes attirées par celles du même sexe à vivre la chasteté sous la forme de la continence, appelle aussi *tous* les catholiques à abandonner leurs peurs, à bannir toute discrimination injuste et à accueillir leurs frères et sœurs homosexuels dans une communion d'amour et de vérité dans l'Église[151]. *Tous* les chrétiens sont appelés à regarder en face leurs inclinations sexuelles désordonnées et à grandir dans la chasteté – aucune personne n'échappe à cette exigence – et donc dans leur capacité à donner et recevoir de l'amour en cohérence avec leur état de vie[152]. Toutefois, la réponse à cette exigence de conversion est inévitablement un travail progressif de la part des pécheurs en voie de rétablissement que nous sommes, nous qui formons les membres de l'Église. Il s'agit pour cela de créer, au sein de la famille, de la paroisse et de la communauté chrétienne au sens large, un environnement de soutien mutuel permettant la croissance morale et le changement.

166. La précipitation avec laquelle on veut approuver aujourd'hui la cohabitation entre personnes du même sexe, ou entre couple hétérosexuels, et leur donner un statut légal, vient en partie d'une peur de la solitude bien compréhensible. Dans la culture dominante séculière, avoir un partenaire sentimental est perçu comme une quasi nécessité et l'on pense que l'enseignement de l'Église est cruel, condamnant les hommes et les femmes à une vie de solitude.

167. Mais si les paroissiens ordinaires comprenaient les arguments qui sous-tendent le célibat, vécu comme une pratique communautaire, et si davantage d'églises domestiques prenaient plus au sérieux l'apostolat de l'hospitalité, l'enseignement catholique séculaire sur la chasteté vécue dans la continence en dehors du mariage pourrait paraître plus plausible aux yeux de nos contemporains. En d'autres termes, si nos paroisses étaient des lieux où être « célibataire » ne signifiait pas être « solitaire », où des réseaux élargis d'amis et de familles partageaient vraiment les joies et les peines les uns des autres, au moins certaines des objections du monde à l'enseignement catholique pourraient peut-être être désarmées. Les catholiques peuvent assumer un apostolat de l'hospitalité, quelle que soit l'hostilité ou l'indifférence de la culture qui les entoure. Personne ne limite les catholiques laïcs ou ordonnés dans l'amitié qu'ils peuvent offrir aux personnes en difficultés.

168. Dans son souci pastoral pour les personnes divorcées et remariées, l'Église a cherché à combiner la fidélité à l'enseignement de Jésus sur l'indissolubilité du mariage – qui a déconcentré ses disciples – et la miséricorde qui est au cœur de son ministère. Voyez, par exemple, l'enseignement de Benoît XVI sur la situation pastorale des hommes et des femmes divorcés :

> Cela m'apparaît être une grand tâche d'une paroisse, d'une communauté catholique, de faire réellement tout ce qu'il y a de possible pour qu'elles se sentent aimées, acceptées ; qu'elles ne sont pas « en dehors » … [C']est très important pour qu'elles puissent voir qu'elles sont accompagnées et guidées … et que

cette souffrance n'est pas seulement un tourment physique et psychique, mais qu'elle est aussi une souffrance dans la communauté de l'Église pour les grandes valeurs de notre foi. Je pense que leur souffrance, si elle est réellement intérieurement acceptée, est un don pour l'Église. Elles doivent le savoir, qu'ainsi elles servent l'Église, elles sont dans le cœur de l'Église[153].

169. En d'autres termes, le Pape Benoît présupposait la vérité de ce que le Christ enseignait, mais il n'a pas simplement renvoyé les personnes divorcées et remariées, en leur disant de serrer les dents ou de souffrir dans leur solitude. Ce n'est pas la manière de faire de l'Église et les catholiques qui agissent ainsi devraient se souvenir qu'un des crimes des pharisiens était qu'ils chargeaient les autres de lois, sans « lever le petit doigt » pour aider les personnes à porter ces fardeaux (Mt 23,4). Au contraire, Benoît XVI fait écho au Catéchisme de l'Église catholique qui dit que « les prêtres et toute la communauté doivent faire preuve d'une sollicitude attentive » envers les catholiques divorcés, pour qu'ils ne se sentent pas exclus[154].

170. Les liens d'amitié rendent supportables les exigences qui s'imposent aux disciples[155]. « Porter les fardeaux les uns des autres »[156] à l'intérieur de la communauté chrétienne permet à ses membres de faire un chemin de guérison et de conversion. La charité fraternelle rend possible la fidélité. Elle donne aussi le témoignage et l'encouragement de l'Église au sens large. Le Catéchisme de l'Église catholique fait allusion à cela en disant que les époux qui persévèrent dans des mariages difficiles « méritent la gratitude et le soutien de la communauté ecclésiale »[157]. Il faudrait dire la même chose de tous ceux qui traversent des épreuves familiales.

171. Dans une culture qui oscille entre l'anonymat d'un côté et la curiosité obsédée par « les détails de la vie des autres », de l'autre, le Pape François nous invite à nous accompagner mutuellement dans l'œuvre de la croissance spirituelle[158]. Il dit ceci : « Un bon accompagnateur ne

cède ni au fatalisme ni à la pusillanimité. Il invite toujours à vouloir se soigner, à se relever, à embrasser la croix, à tout laisser, à sortir toujours de nouveau pour annoncer l'Évangile »[159]. Ceux qui sont guéris sont alors capables de proposer l'invitation à ceux qui ont besoin de guérison.

172. La foi chrétienne et le salut qu'elle apporte ne sont pas individualistes ; ils sont profondément communautaires : « La foi a une forme nécessairement ecclésiale, elle se confesse de l'intérieur du corps du Christ, comme communion concrète des croyants. C'est de ce lieu ecclésial qu'elle ouvre chaque chrétien vers tous les hommes. La parole du Christ, une fois écoutée, et par son dynamisme même, se transforme dans le chrétien en réponse, et devient elle-même parole prononcée, confession de foi »[160].

173. *Jésus a beaucoup enseigné à propos de la sexualité et du mariage, qui étaient aussi difficiles à vivre à l'époque que maintenant. Mais nous ne sommes pas seuls face à ces difficultés. Nous sommes supposés vivre la vie dans le corps du Christ comme des membres interdépendants, qui se construisent mutuellement dans l'amour[161]. L'enseignement et les sacrements de l'Église, la communauté, tout ceci existe pour nous aider en chemin. La patience, le pardon et la confiance, dans le corps du Christ, nous aident à guérir et vivre ensemble d'une façon qui pourrait sinon sembler impossible.*

QUESTIONS POUR LA DISCUSSION

a) L'Église est un hôpital de campagne. Comment l'Église aide-t-elle les personnes blessées ? Que pourrions-nous améliorer ?

b) Pourquoi les catholiques ne sont-ils pas des individualistes en matière de morale ? Pourquoi insistons-nous sur le soutien de la communauté ? Comment avez-vous perçu la grâce de Dieu en travaillant dans une communauté ?

c) Dans votre culture, quels sont les obstacles qui peuvent empêcher de créer des amitiés spirituelles étroites ? Qu'est-ce que votre paroisse ou votre diocèse peut faire pour encourager les amitiés entre catholiques ?

d) Quel soutien y a-t-il dans votre paroisse ou dans votre diocèse pour pouvoir progresser dans la chasteté. Y a-t-il des groupes de soutien ou des possibilités de formation ? À quelle fréquence le sacrement de la réconciliation est-il proposé ? Y a-t-il des possibilités de direction spirituelle ?

Pentecôte, Église de Sainte Barbara, Le Caire, Égypte, 14ème siècle,
De Agostini Picture Library / G. Dagli Orti / Bridgeman Images

IX. UNE MÈRE, UNE ENSEIGNANTE, UNE FAMILLE : NATURE ET RÔLE DE l'ÉGLISE

L'Église a des formes institutionnelles parce qu'elle doit œuvrer dans le monde. Mais cela n'épuise pas son essence. L'Église est l'épouse du Christ, un « elle » qui est une personne et pas une chose. Selon les mots de saint Jean XXIII, elle est notre mère et notre enseignante, notre consolatrice et notre guide, notre famille dans la foi. Même quand son peuple ou ses responsables pèchent, nous avons encore besoin de sa sagesse, des sacrements, de son soutien et de la proclamation de la vérité parce qu'elle est le corps de Jésus lui-même dans le monde, la famille du peuple de Dieu au sens large.

L'Église est notre mère ; nous sommes ses fils et ses filles

174. L'Église est la Jérusalem céleste, « la Jérusalem d'en haut… notre mère »[162] (Gal 4, 26). L'Église est la « mère de notre nouvelle naissance »[163]. L'Église, en tant qu'épouse vierge du Christ, donne naissance à des fils et des filles qui doivent « naître d'en haut…naître d'eau et d'Esprit » (Jn 3, 3-5).

175. Que signifie « être né d'en haut » ? Cela signifie-t-il que nous n'avons pas d'identité terrestre après notre baptême ? Non, mais cela veut dire que « des fonts baptismaux naît l'unique peuple de Dieu de la Nouvelle Alliance qui dépasse toutes les limites naturelles ou humaines des nations, des cultures, des races et des sexes : « Aussi bien est-ce en un seul Esprit que nous tous avons été baptisés en un seul

corps » (1 Co 12, 13) »[164]. Cela veut dire que, comme fils et filles de l'Église, nous avons une nouvelle identité qui ne détruit pas, mais qui transcende toutes les manières dont les êtres humains construisent naturellement leur identité.

176. En tant que membres de l'Église, nous sommes membres de l' « unique corps » qui n'est pas défini par des qualifications humaines, comme l'âge, la nationalité ou l'intelligence, ni par aucune réalisation humaine telle que l'efficacité ou l'organisation, ni par la vertu morale. Si l'Église se définissait par l'une ou l'autre de ces qualités humaines, nous n'aurions pas de renaissance « d'en haut », mais d'en bas seulement, une renaissance à partir de nous-mêmes et de nos capacités limitées. En effet, peu importe notre intelligence ou notre vie vertueuse, cela n'est rien en comparaison avec l'amour parfait du Christ et de son épouse, la Jérusalem d'en haut, notre mère, l'Église. En devenant ses fils et ses filles, nous recevons un cadeau, une nouvelle identité dans le Christ que nous ne pouvons nous donner nous-mêmes.

Comment et pourquoi l'Église est-elle sainte ?

177. Quand nous disons que l'Église est « immaculée », nous n'ignorons pas que tous ses membres sont pécheurs, car l'Église est « à la fois sainte et appelée à se purifier »[165]. Sa sainteté est la sainteté du Christ, son époux. C'est avant tout l'amour du Christ, le marié, qui crée l'Église : « l'Église est née principalement du don total du Christ pour notre salut, anticipé dans l'institution de l'eucharistie et réalisé sur la croix… De même qu'Ève a été formée du côté d'Adam endormi, ainsi l'Église est née du cœur transpercé du Christ mort sur la croix »[166].

178. Nous pourrions dire que la « constitution » de L'Église n'est pas la vertu, la sainteté, ou l'accomplissement qu'elle peut avoir atteint, mais l'amour du Christ qui se donne. Quand nous naissons de l'Église comme notre mère, nous naissons de cet amour du Christ. Cet amour donne à l'Église son identité, non pas comme une nation ou un regroupement ou un club parmi d'autres, humainement constitué, mais

comme la « mariée », l' « épouse », qui est « une seule chair » avec le Christ, et donc un seul corps.

179. Cet amour dans lequel nous renaissons dans le Christ est un amour que nous ne pouvons pas nous donner nous-mêmes. Une fois que nous l'avons reçu, il nous purifie, de sorte que l'Église, dans la personne de chacun de ses fils et de ses filles, est toujours transformée dans l'amour du Christ jusqu'à ce que le Christ soit pleinement formé en chacun de nous. C'est la signification de l'image de l'Église pèlerine, une Église « en pèlerinage » vers sa perfection finale, une perfection dans et par l'amour véritable qui la définit avant tout.

180. D'ici là, l'Église trouvera que dans son pèlerinage, elle « poursuit constamment son effort de pénitence et de renouvellement »[167], et qu'elle ne peut pas prétendre à la perfection, et elle ne le prétend pas, sauf dans sa dot, qui est le sang du Christ, c'est-à-dire son amour.

Quand les catholiques pèchent, cela n'efface pas ce qui est saint dans l'Église

181. L'Église étant fondée dans le Christ, le péché dans l'Église, même chez ses ministres ordonnés, ne peut pas invalider son identité ni sa sainteté parce que l'identité de l'Église ne vient d'aucun de nous. Elle vient du Christ. Dans l'Ancien Testament, le peuple de Dieu, Israël, était défini par son alliance avec Dieu et aucune quantité de péchés de leur part ne pouvait invalider le fait qu'il soit « choisi », ni l'identité que cela leur donnait en tant que peuple de Dieu. Partout où ils sont allés, Dieu ne les a pas abandonnés. Quiconque les rencontrait, rencontrait toujours le peuple de Dieu, quel que soit l'état de péché dans lequel pouvaient se trouver les membres de ce peuple.

182. La fidélité de l'alliance de Dieu s'applique aussi à l'Église. Le miracle de l'Église est que l'amour du Christ qui la définit ne peut être effacé par aucun péché de ses membres. C'est une société visible dans le monde, mais une société qui n'est définie par rien qui soit « du » monde.

C'est cela qui est si beau dans l'Église. Nous n'avons pas à attendre que soit créée la société de douze personnes parfaites pour pouvoir déclarer que nous avons une Église qui vaut la peine qu'on croit en elle. Nous ne mettons pas notre foi dans des vertus ou des perfections humaines mais nous croyons en Jésus-Christ qui est mort pour nous et qui, par son sang, a fait de nous « une descendance choisie, un sacerdoce royal, une nation sainte, un peuple, pour que vous annonciez les merveilles de celui qui vous a appelés des ténèbres à son admirable lumière » (1P 2,9).

L'autorité et la responsabilité de l'enseignement de l'Église

183. L'Église, étant notre mère, nous a communiqué une nouvelle identité dans l'amour et la sainteté dans lesquels elle-même a été formée ; elle a aussi la responsabilité de nous enseigner, de nous former toujours plus parfaitement dans cette nouvelle identité que nous avons reçue, pas du monde, mais « d'en haut ». Aucune autorité séculière ne peut nous décharger de cette fonction parce que l'identité, que l'Église reçoit et communique ensuite, ne vient pas des réalisations du monde, comme nous l'avons vu, mais les transcende en les perfectionnant toutes. Au contraire, « la charge pastorale du Magistère » ou l'autorité de l'enseignement de l'Église, « une race élue, un sacerdoce royal, une nation sainte, un peuple acquis, pour proclamer les louanges de Celui qui vous a appelés des ténèbres à son admirable lumière »[168].

184. L'autorité de l'enseignement de l'Église sert tout le peuple de Dieu en conservant intacte la vérité de l'Évangile avec l'ensemble de l'enseignement moral révélé, explicitement et implicitement, dans l'Évangile qui soutient la liberté humaine. Cela inclut des vérités telles que la dignité de la personne humaine, la bonté de la création, la noblesse de l'état du mariage et son orientation intrinsèque vers une communion d'amour qui donne la vie. Ces vérités ne peuvent pas être annulées par des péchés commis contre la dignité qu'elles proclament. De tels péchés invitent plutôt l'Église à proclamer ces vérités encore plus fidèlement, même lorsqu'elle cherche à être renouvelée dans ces vérités et dans l'amour dont elles sont issues.

IX. UNE MÈRE, UNE ENSEIGNANTE, UNE FAMILLE

Comment les couples mariés et les familles portent le témoignage de l'Église

185. Les époux chrétiens ont un rôle-clé dans la proclamation de ces vérités en termes plus persuasifs pour le monde, c'est-à-dire dans des vies continuellement transformées par l'amour qui est communiqué aux couples dans le sacrement du mariage et qui définit leur communion comme homme et femme. Le Pape François a décrit en des termes vibrants le témoignage que les époux chrétiens peuvent rendre à la vérité, soutenus par les grâces du sacrement du mariage :

> Les époux chrétiens ne sont pas naïfs, ils connaissent les problèmes et les dangers de la vie. Mais ils n'ont pas peur d'assumer leurs responsabilités, devant Dieu et la société ; sans s'échapper, sans s'isoler, sans renoncer à la mission de former une famille et de mettre au monde des enfants. – Mais aujourd'hui, mon Père, c'est difficile... – En effet, c'est difficile. C'est pour cela que la grâce est nécessaire, la grâce que nous donne le sacrement! Les sacrements ne servent pas à décorer la vie - Mais quel beau mariage, quelle belle cérémonie, quelle belle fête !... Mais ce n'est pas le sacrement, ce n'est pas la grâce du sacrement. C'est une décoration ! Et la grâce ne sert pas à décorer la vie, elle sert pour nous rendre forts dans la vie, pour nous rendre courageux, pour pouvoir avancer ! Sans s'isoler, toujours ensemble. Les chrétiens se marient dans le sacrement parce qu'ils ont conscience d'en avoir besoin [169] !

186. Les Papes Jean-Paul II et Benoît XVI ont eu tous les deux l'occasion de citer un passage de l'exhortation apostolique de Paul VI, *Evangelii Nuntiandi* : « L'homme contemporain écoute plus volontiers les témoins que les maîtres ou, s'il écoute les maîtres, c'est parce qu'ils sont des témoins »[170]. Le Pape François invite les époux chrétiens à être le genre d'enseignants que nos contemporains écoutent, qui enseignent par leur témoignage et font connaître la vérité en en montrant la force de persuasion, dans leur ouverture à une nouvelle vie, dans la chaleur

105

de leur amour mutuel et dans leur promptitude à accueillir, tels des oasis d'amour et de miséricorde dans une culture si souvent marquée par le cynisme, la dureté de cœur et le découragement.

187. Le témoignage des époux chrétiens peut apporter la lumière dans un monde qui a fini par estimer l'efficacité plus que les personnes et l' « avoir » plus que l' « être », oubliant ainsi du même coup les valeurs de la « personne » et de l' « être ». Puissent ceux qui se sont mariés dans le Christ être des témoins fidèles de son amour et devenir les enseignants de la vérité qui est toujours et partout intrinsèquement convaincante !

188. *L'Église est une institution, mais elle est toujours plus qu'une institution. Elle est une mère, une épouse, un corps, une famille et une alliance. Tous les baptisés sont ses fils et ses filles, elle donne aux chrétiens leur identité la plus fondamentale et la plus authentique. De même que notre propre nature pécheresse n'efface jamais le fait que nous sommes créés à l'image de Dieu et que nous sommes membres de la famille de Dieu, ainsi, quand des catholiques pèchent, cela n'efface pas la sainteté de l'Église. L'essence de l'Église dépend de Jésus, fondation qui nous rend responsables, mais qui est aussi plus profonde et plus sûre que n'importe quelle réalisation ou n'importe quel échec humains. En dépit de ses nombreux échecs, l'Église ne peut se soustraire à sa responsabilité de prêcher l'Évangile et nous poursuivons donc sa mission d'amour.*

QUESTIONS POUR LA DISCUSSION ————————

a) Comment l'alliance de Dieu nous protège-t-elle ?

b) Tout le monde pèche, même les responsables catholiques. Pourquoi disons-nous que l'Église est quand même sainte ?

c) Que veut Jésus de nous quand l'Église échoue à vivre selon ses propres standards ?

d) Pourquoi Jésus aime-t-il l'Église? Qu'est-ce qui lui plaît dans l'Église ? Qu'est-ce qui le déçoit ?

Cercle d'amour, © 2014 Michael Escoffery / Société des droits des artistes
(Artists Rights Society (ARS)), New York. Photo: Michael Escoffery / Art Resource, NY

X. CHOISIR LA VIE

Dieu nous a faits pour une raison précise. Son amour est la mission de notre vie. Cette mission nous permet de trouver notre véritable identité. Si nous choisissons d'embrasser cette mission, nous aurons une nouvelle perspective sur de nombreuses questions, pas uniquement sur la famille. Vivre la mission de l'église domestique signifie que les familles catholiques vivront parfois comme des minorités avec des valeurs différentes de celles de la culture ambiante. Notre mission d'aimer nécessitera du courage et de la force. Jésus appelle et nous pouvons répondre, en choisissant une vie de foi, d'espérance, de charité, de joie, de service et de mission.

Notre mission pour la vie entière

189. Nous avons commencé cette catéchèse en expliquant que Dieu nous a faits dans un but. Le Dieu que nous rencontrons en Jésus-Christ nous aime et nous appelle à aimer comme lui. Si nous comprenons que cet amour est notre mission dans la vie de mariage, dans nos familles, avec nos enfants et dans nos paroisses, nous avons appris une vérité fondamentale qui façonnera bien d'autres aspects de notre vie.

190. Par exemple, si la fidélité à l'alliance nécessite de la retenue, si nos corps et le monde matériel peuvent être les réceptacles de la grâce divine, nous pouvons alors aborder les questions d'écologie, de technologie et de médecine avec une humilité nouvelle. De même, si nous suivons l'engagement de Dieu dans un amour d'alliance plus fort que la souffrance, nous avons alors de nouvelles raisons de nous montrer solidaires avec ceux qui pleurent ou qui ont mal. Si nous comprenons

que l'image de Dieu, et donc la dignité humaine, sont plus profondément enracinées que n'importe quelle capacité ou réalisation humaine contingente, nous pouvons alors comprendre pourquoi l'Église a tant d'amour pour les très jeunes, les personnes âgées, les personnes handicapées et toutes celles qui dépendront toujours des autres pour les soins élémentaires.

191. Nous réalisons maintenant pourquoi une catéchèse sur la famille a été en fait une catéchèse sur toute la vie. Comme l'affirme le Pape François, « en effet, l'annonce de l'Évangile passe d'abord par les familles, pour rejoindre ensuite les différentes sphères de la vie quotidienne »[171]. Si nous avons appris à voir nos familles comme des églises domestiques, si nous avons appris pourquoi l'individualisme moral n'est pas le bon contexte pour recevoir l'enseignement catholique, nous avons alors adopté un point de vue qui va réorienter toute notre identité.

Vivre comme une minorité créative

192. Les perspectives catholiques sur le sens de la vie et la façon de bien vivre ne persuaderont pas tout le monde aujourd'hui. L'ère de la « chrétienté », quand les occidentaux pouvaient adopter au moins une forme d'adéquation approximative entre les valeurs publiques et les valeurs catholiques, disparaît. Les catholiques de la postchrétienté en Occident apprennent à vivre comme les chrétiens de beaucoup d'autres parties du monde, en Afrique ou en Asie, où les chrétiens n'ont jamais été majoritaires.

193. Le statut de minorité dans une culture ne veut pas dire un statut marginal ou sans importance. Le Catéchisme de l'Église catholique, dans son enseignement sur notre vocation à participer à la société, cite une lettre chrétienne écrite à une époque où l'Église était loin d'être établie ou prestigieuse socialement. La tentation de se retirer a dû être réelle, mais la lettre dit ceci : « Ne vivez point isolés, retirés en vous-mêmes, comme si vous étiez déjà justifiés, mais rassemblez vous pour rechercher ensemble ce qui est de l'intérêt commun »[172]. Cet esprit ou-

vert, orienté vers le service a même une origine encore plus ancienne. Le prophète Jérémie disait aux juifs exilés à Babylone, alors que les Babyloniens avaient saccagé Jérusalem et les avait fait prisonniers : « Recherchez la paix pour la ville où je vous ai déportés; priez Yahvé en sa faveur, car de sa paix dépend la vôtre. » (Jr 29, 7).

194. Il faut une discipline spirituelle pour vivre en exil en tant que minorité créative et fidèle. Dans le livre de Daniel, Daniel et ses amis juifs sont capables de servir à la cour du roi babylonien Nabuchodonosor. Le fait que ces Juifs soient allés jusqu'à servir un roi païen est quelque chose de frappant. Mais ils ont été une aide pour le roi dans la mesure où ils sont restés des juifs fidèles.

195. La raison pour laquelle ils avaient une sagesse que les magiciens du roi ne possédaient pas étaient qu'ils avaient conformé leur vie à leur foi dans le seul vrai Dieu. Ils disaient leurs prières[173] et conservaient des éléments clés de la discipline juive (comme les restrictions alimentaires[174]). Ils étaient le levain dans un palais païen parce qu'ils savaient qui ils étaient. Ils savaient comment être dans un environnement social particulier mais sans être de ce monde. Et ils savaient quand ne pas se compromettre – ils savaient que leur identité religieuse leur coûterait parfois cher – et ils acceptaient la fosse aux lions et la fournaise ardente plutôt que de trahir leur Dieu et d'adorer des idoles.

196. Les catholiques ont donc des stratégies et des précédents pour vivre leur foi dans un monde qui ne comprend pas leurs croyances ou qui n'est pas d'accord avec eux. Si notre mode de vie est différent de celui du monde, nous avons toutefois une ferme espérance et un esprit clair, « un dessein plus grand que [nos] propres projets, qui nous soutient et nous permet de donner l'avenir tout entier à la personne aimée. »[175]. Nous avons des fondations fermes pour être indépendants des forces destructrices de la société et de la culture, et ce sont ces mêmes fondations qui nous poussent à aimer et à participer à la vie de la société et à sa culture. « L'amour qui meut le soleil et les autres étoiles »[176], l'amour qui a créé et qui soutient tout ce qui est, est le même amour qui anime

notre mariage, nos familles, nos foyers et notre Église. Nous pouvons être sûrs que si nous suivons cet amour, même jusqu'au pied de la croix, nos souffrances nous rendent en fait plus réels, plus authentiquement humains et que la résurrection et la justification vont venir, parce que nous suivons un Seigneur digne de confiance. Cet amour nous donnera la force de vivre différemment, d'être sel de la terre[177].

Nous sommes tous missionnaires

197. Saint Jean-Paul II exhortait ainsi : « Familles, devenez ce que vous êtes »[178], et ses paroles n'ont rien perdu de leur vigueur ; leur caractère d'urgence s'est simplement intensifié devant les nombreux défis auxquels sont confrontées les familles aujourd'hui. L'intuition de Jean-Paul II était que la mission de la famille découle de son identité dans le dessein de Dieu. « Et comme, selon le dessein de Dieu, elle est constituée en tant que «communauté profonde de vie et d'amour[179], la famille a la mission de devenir toujours davantage ce qu'elle est, c'est-à-dire communauté de vie et d'amour dans une tension qui trouvera son achèvement - comme toute réalité créée et sauvée - dans le Royaume de Dieu »[180]. Selon les paroles de Jean-Paul II, la mission fondamentale de la famille est donc « de garder, de révéler et de communiquer l'amour », une mission qui est « reflet vivant et participation réelle de l'amour de Dieu pour l'humanité et de l'amour du Christ Seigneur pour l'Église son Épouse »[181]. Quand la famille embrasse son identité missionnaire, elle devient ce qu'elle a toujours été destinée à devenir.

198. Cette mission n'est pas réservée à quelques-uns ou à des personnes extraordinaires. Il ne s'agit pas non plus pour la famille de devoir, d'une certaine façon, arrêter d'être elle-même ou de chercher une perfection impossible pour être témoin de l'Évangile. La famille chrétienne est appelée à approfondir l'amour et la vie qui sont à la base de ce qu'elle est, à y réfléchir et à en rendre témoignage.

199. La famille est une communion d'amour, fondée sur le don de soi dans la communion des personnes, mari et femme, devenues une seule

chair. C'est cette communion indissoluble entre le mari et la femme qui donne le cadre de la famille tout entière comme véritable communauté de personnes[182]. C'est dans la famille que l'on apprend que l'amour est un don de soi, un don d'abord reçu par l'enfant de son père et de sa mère, avant d'être rendu et partagé avec les autres. La famille est le lieu où l'on apprend la valeur de la communauté, qui est la base de la communion dans la société. Ainsi, les couples mariés et les familles qui s'efforcent d'aimer dans l'unité et la fidélité offrent un témoignage vital chez eux, dans leur voisinage, leur paroisse, les communautés locales, et partout où ils vont, qu'ils soient en service, au travail ou dans leurs loisirs.

L'église domestique trouvera sa réalisation dans la mission rendue à l'Église universelle

200. L'Église n'a jamais été loin du foyer familial. Le Christ lui-même est né, a grandi, a été formé « au sein de la Sainte Famille de Joseph et Marie »[183]. Marie, vierge et mère, récapitule d'une façon unique et magnifique à la fois la vocation au célibat et la vocation à la maternité[184]. Dans leur vie commune, la Sainte Famille de Nazareth est un exemple et un intercesseur pour toutes les familles. Au cours de son ministère public, Jésus rentrait souvent dans les maisons et les familles, ou il y demeurait, en particulier dans la famille de saint Pierre, à Capharnaüm[185]. Dans ses salutations, saint Paul reconnaissait aussi des disciples particuliers, comme le couple de Prisca et Aquila, et l' « église dans leur maison »[186]. Comme l'enseigne le Catéchisme de l'Église catholique :

> Dès ses origines, le noyau de l'Église était souvent constitué par ceux qui, « avec toute leur maison », étaient devenus croyants. Lorsqu'ils se convertissaient, ils désiraient aussi que « toute leur maison » soit sauvée. Ces familles devenues croyantes étaient des îlots de vie chrétienne dans un monde incroyant[187].

201. Parler de la famille comme d'une église domestique signifie que ce qui est dit de l'Église peut souvent être dit analogiquement de la famille chrétienne ; cela signifie aussi que la famille chrétienne joue alors un rôle clé à l'intérieur de l'Église et dans le monde. Le Pape Jean-Paul II parlait de la « tâche ecclésiale propre et originale » de la famille chrétienne : « La famille chrétienne est appelée à prendre une part active et responsable à la mission de l'Église d'une façon propre et originale, en se mettant elle-même au service de l'Église et de la société dans son être et dans son agir, en tant que « communauté intime de vie et d'amour »[188].

202. Le Compendium du Catéchisme de l'Église catholique décrit le sacrement du mariage, avec celui de l'ordre, comme étant « au service de la communion et de la mission »[189]. Le mariage et la famille servent et construisent la communion de l'Église et contribuent à faire avancer sa mission de proclamer l'Évangile et d'aimer comme le Christ a aimé. Il peut parfois exister une tendance à se demander uniquement comment l'Église (et comment son propre diocèse ou sa propre paroisse) sert le mariage et la famille. C'est en effet une partie essentielle de la pastorale de l'Église.

203. Mais il est tout aussi important, et peut-être encore plus urgent, de se demander comment la famille chrétienne aime et sert la paroisse, le diocèse, l'Église universelle et le monde. Une pastorale destinée à assister les familles devrait les aider à devenir missionnaires à leur tour. En un certain sens, c'est un changement de paradigme qui attend de se déployer pleinement dans l'Église : que la famille chrétienne se mette au travail pour faire connaître l'Évangile. À la racine de tout cela, il n'y a pas autre chose que la redécouverte de la vocation du mariage comme vocation à devenir une église domestique.

204. L'église domestique n'est pas un concept abstrait. C'est une réalité, une vocation et une mission, fondée sur le sacrement du mariage, et vécue par beaucoup. Le Christ continue d'appeler : Familles chrétiennes, l'Église a besoin de vous, le monde a besoin de vous.

205. *Famille, deviens ce que tu es*[190]. *Choisis donc la vie, pour que vous viviez, toi et ta descendance, en aimant le Seigneur ton Dieu, en écoutant sa voix, en vous attachant à lui*[191]. *Cette mission te marquera parfois comme différente des autres dans la société. Vivre ton témoignage d'amour nécessitera un engagement et une discipline spirituels, mais ne crains rien. L'Église est avec toi. Le Seigneur est avec toi. Le Seigneur a scellé une alliance avec toi. Le Seigneur appelle. Il sera fidèle et votre alliance portera du fruit. L'amour est ta mission, le fondement de toute communion, une aventure profonde dans le service, la beauté et la vérité.*

QUESTIONS POUR LA DISCUSSION ──────────

a) En quoi une catéchèse sur la famille est-elle en fait une catéchèse pour toute la vie ? De quelles manières l'enseignement catholique sur la nature humaine, la sexualité, le mariage et la famille est-il lié à d'autres aspects de la vie ?

b) Les valeurs et les habitudes de votre communauté rendent-elles plus facile ou plus difficile le fait d'être catholique ? Dans votre culture, êtes-vous libre d'être pleinement catholique ou y a-t-il des pressions qui compromettent la foi ? Comment pouvez-vous prendre part à votre culture tout en restant fidèle ?

c) Votre famille se considère-t-elle comme une église domestique ? Quelles valeurs sont visibles dans le mode de vie de votre foyer ? Quels pas pourriez-vous faire pour être davantage missionnaires ?

d) Quel soutien votre famille attend-elle de l'Église ? Comment l'Église peut-elle vous aider ? Comment pouvez-vous aider l'Église et les autres familles ?

PRIÈRE POUR LA RENCONTRE MONDIALE DES FAMILLES À PHILADELPHIE EN 2015

Dieu, notre Père à tous,
en Jésus, ton Fils et notre Sauveur,
tu as fait de nous tes fils et tes filles
dans la famille de l'Église.
Puisse ta grâce et ton amour
aider nos familles
partout dans le monde
à être unies entre elles
dans la fidélité à l'Évangile.
Puisse l'exemple de la Sainte Famille,
avec l'aide de ton Esprit-Saint,
guider toutes les familles,
surtout celles qui sont le plus troublées,
à être des foyers de communion et de prière
et à toujours chercher ta vérité et vivre dans ton amour.
Par Jésus Christ, notre Seigneur. Amen.
Jésus, Marie et Joseph, priez pour nous !

ABBRÉVIATIONS UTILISÉES DANS CE DOCUMENT

CEC, Catéchisme de l'Église catholique
CCEC, Compendium du Catéchisme de l'Église catholique
CIC, Code de droit canonique
CDSE, Compendium de la Doctrine sociale de l'Église
CV, *Caritas in Veritate*
DCE, *Deus Caritas Est*
DD, *Dies Domini*
DV, *Dei Verbum*
EG, *Evangelii Gaudium*
EN, *Evangelii Nuntiandi*
FC, *Familiaris Consortio*
GS, *Gaudium et Spes*
GrS, *Gratissimam Sane*
HV, *Humanae Vitae*
LF, *Lumen Fidei*
LG, *Lumen Gentium*
MD, *Mulieris Dignitatem*
NMI, *Novo Millennio Ineunte*
PP, *Populorum Progressio*
RH, *Redemptor Hominis*
RN, *Rerum Novarum*
SC, *Sacramentum Caritatis*
TdC, *Théologie du corps*
VS, *Veritatis Splendor*
Les abbréviations des livres de la Bible suivent le CEC.

NOTES FINALES

1. Cf. Catéchisme de l'Église catholique (CEC) (1992), 425-427.
2. Pape François, Encyclique *Lumen Fidei* (LF) (2013), 52.
3. Cf. LF, 57.
4. Pape Jean-Paul II, Encyclique *Redemptor Hominis* (RH) (1979), 9.
5. CEC, 426.
6. LF, 57.
7. Concile Vatican II, Constitution pastorale *Gaudium et Spes* (GS) (1965), 22.
8. GS, 19.
9. Benoît XVI, "Célébration eucharistique: Homélie", VIIe Rencontre mondiale des familles, Milan, 3 juin 2012.
10. CEC, 2331.
11. Pape Jean-Paul II, Lettre apostolique *Mulieris Dignitatem* (MD) (1988), 7.
12. MD, 7.
13. GS, 19.
14. RH, 10.
15. Cf. Gn 1,26-27; 2,24.
16. Pape Jean-Paul II, Exhortation apostolique *Familiaris Consortio* (FC) (1981), 11. Cf. Gn 1,26-27; 1 Jn 4,8 et GS, 12.
17. Pape Benoît XVI, Encyclique *Deus Caritas Est* (DCE) (2005), 11.
18. Cf. aussi Mt 15,32-39; Mc 6,31-44 et 8,1-9; Lc 9,10-17 et Jn 6,5-15.
19. Pape Benoît XVI, "Discours… aux participants au Forum des associations familiales", Rome (16 mai 2008).
20. DCE, 11.
21. Joseph Ratzinger, Au commencement, Dieu créa le Ciel et la Terre. Quatre sermons de Carême à Munich sur la Création et la chute, Fayard 2005, p.39.
22. DCE, 9.
23. Cf. Ez 23.
24. Cf. Is 50,1; 54,5; 61,10 et 62,5.
25. Cf. Jr 2,2; 3,1; 3,6-12 et 31,32.
26. Ps 45.
27. DCE, 9.
28. Cf. Ex 34,16; Jg 2,17; Nb 15,39 et Dt 31,16.

29. Pape François, Homélie. Messe à Sainte-Marthe : *Quand un amour finit*. L'Osservatore Romano (28 février 2014).

30. DCE, 5.

31. Eph 5,21-33.

32. DCE 12.

33. Cf. CEC, 1602.

34. Sainte Hildegarde de Bingen, *Explanatio Symboli Sancti Athanasii* in *Patrologia Latina* 197, 1073. Cf. 1 Cor 6,19. Notre Traduction

35. CEC, 2331 et FC, 11.

36. Pape François, Homélie. Messe à Sainte-Marthe : *Quand un amour finit*. L'Osservatore Romano (28 février 2014).

37. CEC, 362.

38. Pape Jean-Paul II, Audience générale, *Théologie du corps* (TdC) (9 janvier 1980).

39. Congrégation pour la doctrine de la foi, *Lettre aux évêques de l'Église catholique sur la collaboration de l'homme et de la femme dans l'Église et dans le monde*, (2004), 8.

40. Pape Paul VI, Encyclique *Humanae Vitae* (HV) (1968), 12.

41. CEC, 371.

42. CEC, 371.

43. Cf. TdC (2 janvier 1980).

44. GS, 12.

45. Karol Wojtyla, *Amour et responsabilité*, Stock (1978).

46. CEC, 2348 et 2349.

47. CEC, 2349.

48. LF, 53.

49. Cf. TdC (16 janvier 1980)

50. CEC, 1646.

51. CEC, 2391.

52. Pape François, Discours : Rencontre avec les jeunes d'Ombrie, Assise (4 octobre 2013).

53. Pape François, Audience générale (2 avril 2014).

54. Pape François, Discours : Aux fiancés qui se préparent au mariage (14 février 2014).

55. Pape François, Discours : Aux fiancés qui se préparent au mariage (14 février 2014).

56. CEC, 1642.

57. Pape François, Discours: Aux fiancés qui se préparent au mariage (14 février 2014).
CEC, 1642.

58. CEC, 1615

59. CEC, 1127.

60. CEC, 1617.

61. CIC, 1056-1057.

62. CIC, 1055.

63. GS, 47.

64. Saint Augustin, *De Bono Conjugali* 32; *De Genesi ad Litteram* 9.7.12; *De nuptiis et concupiscentia*, 1.10.11, 17.19 et 21.23.

65. HV 10.

66. CEC 1652-1653, citant GS 48 et 50.

67. Pape François, Homélie : Fête du baptême du Seigneur. Messe et baptême d'enfants (12 janvier 2014).

68. Dt 6, 4-7. L'emphase est ajoutée.

69. FC, 14.

70. Concile Vatican II, Constitution dogmatique *Lumen Gentium* (LG) (1964), 11.

71. Saint Augustin, La Cité de Dieu, Livre XV, chapitre 16.

72. LG, 11 et CEC, 1655-1658.

73. Pape Paul VI, Encyclique *Populorum Progressio* (PP) (1967), 15.

74. HV, 10.

75. Pape François, Discours: Rencontre avec les jeunes en Ombrie, Assise (4 octobre 2013).

76. Cf. Mt 6,10; 7,21; 12,50 et 21,31.

77. Sainte Thérèse de Lisieux. *Oeuvres complètes*, Cerf - DDB (1992), 84.

78. GS, 38.

79. Pape François, Discours : Rencontre avec le clergé, les consacrés et les membres de conseils pastoraux, Assise (4 octobre 2013).

80. CEC, 1656.

81. Cf. Jn 15,19 et Rm 12,2.

82. CEC 1303 et 1308.

83. Pape Benoît XVI, Discours : Visite pastorale à Palerme. Rencontre avec les jeunes (3 octobre 2010).

84. Pape Benoît XVI, Homélie : Messe et dédicace de la nouvelle paroisse romaine saint Corbinien dans le quartier de l'Infernetto (20 mars 2011).

85. Cf. FC, 44.

86. Cf. FC, 71 et 77.

87. Conseil pontifical pour la famille, *Enchiridion of the family* (2004), 1303-1304. Notre traduction.

88. FC, 44.

89. Pape Jean-Paul II, Discours : Aux participants à la rencontre des familles adoptives promue par les Missionnaires de la charité (5 septembre 2000).

90. FC, 41.

91. Compendium du Catéchisme de l'Église catholique (CCEC) (2005), 321.

92. Pape Jean-Paul II, Discours : Aux participants à la rencontre des familles adoptives promue par les Missionnaires de la charité (5 septembre 2000).

93. Cf. 1 Cor 7, 25-40.

94. Pape François, Discours "Rencontre avec les jeunes en Ombrie", Assise (4 octobre 2013).

95. CEC, 2349, citant saint Ambroise, *De Viduis* 4.23.

96. CEC, 1646. Voir ci-dessus n. 58.

97. CEC, 2391. Voir ci-dessus n. 58.

98. Voir ci-dessus n. 60.

99. Cf. Lc 1,38.

100. CEC, 2347.

101. CEC, 2348.

102. CEC, 1624.

103. FC, 13.

104. Cf. Jn 1,14; 17,24.

105. CEC, 2344.

106. CEC, 1658.

107. CEC, 1658.

108. CEC, 1606.

109. Synode des évêques. IIIème Assemblée générale extraordinaire, Document de préparation : *Les défis pastoraux de la famille dans le contexte de l'évangélisation* (2013).

110. Pape François, Angelus (22 décembre 2013).

111. Pape Benoît XVI, Encyclique *Caritas in Veritate* (CV) (2009), 15.

112. Pape Benoît XVI, Message pour la célébration de la Journée mondiale de la paix, (1er janvier 2008).

113. Cf. Mt 2,13-23.

114. Pape François, Angelus (29 décembre 2013).

115. Pape Pie XII, "Allocution aux sages-femmes" (29 octobre 1951).

116. Pape Pie XII, "Allocution aux sages-femmes" (29 octobre 1951).

117. Pape François, Angelus (22 décembre 2013).

118. Pape Benoît XVI, Message aux participants au congrès international pour le 40ème anniversaire d'Humanae Vitae (2 octobre 2008).

119. HV, 10 et CEC, 2368.

120. Cf. HV, 17.
121. EG, 66.
122. Voir ci-dessus n.88.
123. Saint Aelred de Rielvaulx, *De Spirituali Amicitia*, 1,51.
124. Saint Aelred de Rielvaulx, *De Spirituali Amicitia*, 1,45-46. Notre traduction.
125. CEC 2347. Voir ci-dessus n.102.
126. CDSE, 214.
127. Pape Léon XIII, Encyclique *Rerum Novarum* (RN) (1891), 13.
128. GS, 52.
129. Nations-Unies, Déclaration universelle des droits de l'homme, Article 16.
130. Cf. EG, 66.
131. EG, 65.
132. Cf. Jn 6,60-66.
133. Cf. Mc 3,13-35 et Lc 8,19-21.
134. Cf. CEC, 77, 85. Cf. Constitution dogmatique *Dei Verbum* (DV), 7.
135. Pape François, interview exclusive. Publiée en français dans Études "Quand François se dévoile", 19 septembre 2013. Notre traduction.
136. Cf. CEC, 2351-2356 et FC, 24.
137. Cf. Pape Jean-Paul II, Lettre aux familles *Gratissimama Sane* (GrS) (1994), 9.
138. Saint Augustin, *Sermons*, 229. Notre traduction. Pour d'autres exemples dans lesquels saint Augustin décrit le salut en termes médicaux, voir *Serm.* 229E (*ibid.*, p. 283); *Confessions* VII, xx, 26; X, xxx, 42; *De doctrina christiana* 1, 27; 4, 95; *Enchiridion* 3.11; 22.81; 23. 92; 32.121; *De nuptiis*, Bk. 2, 9. III; 38. XXIII.
139. Saint Augustin, *Traités sur l'Évangile de Jean*, 41.13.2. in Œuvres complètes de Saint Augustin traduites pour la première fois en français sous la direction de M. Poujoulat et de M. l'abbé Raulx, Bar-Le-Duc 1864, aux tomes X et XI.
140. EG, 3.
141. DCE, 1.
142. Pape Jean-Paul II, Encyclique *Veritatis Splendor* (VS) (1993), 7.
143. EG, 19-24.
144. DV, 10.
145. CEC, 1421.
146. CEC, 1428.
147. FC, 34.
148. FC, 34.

149. A. Bourdin, "Le pape annonce la publication de l'intervention du card. Kasper", Zenit, 5 mars 2014.

150. A. Bourdin, "Le pape annonce la publication de l'intervention du card. Kasper", Zenit, 5 mars 2014.

151. Cf. CEC, 2358-2359.

152. Cf. CEC, 2337-2348.

153. Pape Benoît XVI, Discours: Visite pastorale à l'archidiocèse de Milan et VIIème Rencontre mondiale des familles. Fête des témoignages, Milan (2 juin 2012).

154. CEC, 1651.

155. DCE, 1.

156. Gal 6,2. Voir ci-dessus n.88.

157. CEC, 1648.

158. EG, 169-173.

159. EG, 172.

160. LF, 22.

161. Cf. 1 Cor 12,26-27 et CEC, 521 et 953.

162. Cf. CEC, 757.

163. CEC, 169.

164. CEC, 1267 citant 1 Cor 12,13.

165. LG, 8.3 et CEC, 827.

166. CEC, 766.

167. LG, 8 et CEC, 827.

168. CEC, 890.

169. Pape François, Discours : Aux familles en pèlerinage à Rome en l'Année de la foi (26 octobre 2013).

170. EN,

171. Pape François, Angelus (29 décembre 2013).

172. CEC, 1905.

173. Da 6,11.

174. Da 1,8.

175. LF, 52. Voir ci-dessus n.2.

176. Dante, *La divine comédie : Le paradis*, Chant XXXIII.

177. Cf. Mt 5,13.

178. FC, 17.

179. GS, 48.

180. FC, 17.

181. FC,17.

182. FC, 18-27.

183. CEC, 1655.

184. CEC, 507.

185. Cf. Mc 1,29-31; Mt 8,14-15 et Lc 4,38-39. Cf. Mc 2,1; 3,19-20; 7,17 et 9,33. Cf. Mc 5,38; 7,24; 10,10;14,3; Mt 9,23; 10,11-13; 13,1; 1,25; 26,6; Lc 5,29; 7,36; 8,51; 10,5-7; 11,37; 14,1, 19,5-9 et Jn 4,53;12,1-2.

186. Rm 16,5 et 1 Co 16,19. Cf. Col 4,15 et Ph 4,22.

187. CEC, 1655 citant Actes 18,8 et 11,14.

188. FC, 50.

189. CCEC, 321. Voir ci-dessus n.91.

190. FC, 17.

191. Dt 30,19-20.

CPSIA information can be obtained at www.ICGtesting.com
Printed in the USA
LVOW01s1917040915

452657LV00004B/4/P